¡Levántense¡ Usen Sus Armas y Tendrán Victoria

¿Quién es esta que sube del desierto recostada sobre el hombro de su amado?...

Ponme como un sello sobre tu corazón, como una marca sobre tu brazo;...

Las muchas aguas no podrán apagar el amor ni lo ahogarán los ríos.

Cantares 8:5-7

Libro de Poemas
!Levántense¡
Usen Sus Armas
y Tendrán Victoria

2015 POR
ROSAURA EUNICE GAITÁN
DE SWANSON

@ 2015 SEGUNDA EDICION IMPRESA

EDITOR:
ROSAURA EUNICE GAITAN
DE SWANSON

E-MAIL:
SHOLEMUNICE1@YAHOO.ES

CEL. 313 727 4819
CALI, COLOMBIA S.A.

DIAGRAMACION E ILUSTRACIONES:
JORGE H. RENDON

LA VERSION DE LA BIBLIA USADA
EN ESTE LIBRO DE POEMAS
ES LA REINA VALERA,
REVISION DE 1995.

PRÓLOGO

Quiero recomendar este libro de poemas proféticos que son inspirados y ungidos por el Espritu Santo, para edificar, consolar y animar a todo el cuerpo de CRISTO.

Rosaura Eunice es cristiana desde hace varios años, tiene una comunión profunda con el SEÑOR.

Estos poemas me han tocado en el fondo de mi corazón y han revelado al Padre Celestial y a su amado Hijo durante mis tiempos de prueba en el desierto divino de Dios, en mi jornada espiritual de campamento a campamento, y en mi marcha hacia Canaán que es mi herencia en CRISTO, mi tierra prometida.

No he leído poemas proféticos que descubren y expresan las emociones y experiencias, verbalizados en nuestro lenguaje humano, como estos.

Léalos uno a uno y vez tras vez, y descubrirá verdades de los propósitos de Dios, en su propia marcha hacia la perfección espiritual de la que habla Heb.6:1-3.

El propósito de estos fundamentos en CRISTO son para purificarnos y santificarnos; para poder entrar a la perfección que Dios ha planeado para tu vida en CRISTO.

Este libro nació de la vida misma de Rosaura Eunice, una adoradora, intercesora y servidora, que vive en el lugar secreto, ministrando a Dios Padre primeramente, y después a su pueblo.

RANDY MCMILLAN
Q.E.P. D.
Iglesia Comunidad Cristiana de FE
de Cali, Colombia

PREFACIO

Esta obra no es mi obra; solamente fui la mano, la pluma y ha sido por su gracia y misericordia que he sido usada.

Doy todo crédito a mi Amado Padre Celestial, a mi inspiración que es mi Amado Salvador y Señor Jesucristo, y a la fuente de donde salió cada poema: mi Consolador y Amigo, el Espíritu Santo. También mi herramienta de cabecera la Palabra de Verdad, la Palabra del SEÑOR, que es el más hermoso poema de amor.

Estos poemas pueden ser tu experiencia, tu vida, tu corazón confundido, perdido o herido; pueden ser la experiencia de una vida, una familia, una ciudad, una nación o la Iglesia.

Sólo abran sus oídos para oír,
oigan la dulce voz del Amado,
oigan la voz de la amada;
oigan con el corazón,
oigan lo que hizo el Salvador.

Oigan lo que el Amado nos ha dado,
oigan lo que el SEÑOR ha mandado!
Que el poder de su amor sane tu tierra,
que el poder de su amor te levante,
que el poder de su amor te dé la fuerza,
para pararte firme en la lucha,
salir del desierto y habitar tu tierra!

Con amor:

Rosaura Eunice

Reconocimientos

Agradezco por este proyecto de hacer
la segunda publicación impresa de mi libro,
a mi esposo Marvin, que me animó a hacerlo,
al darme ejemplo de diligencia,
cuando escribió cinco libros
en un tiempo record.
También agradezco a Jorge Rendón
que realizó los nuevos diseños y
diagramación,
haciendo un excelente trabajo.
Les presento a ustedes la segunda edición
de mi libro, con hermosos arreglos,
y espero sea de gran ayuda
en nuestro peregrinar por esta tierra.

La Autora

ACERCA DE LA AUTORA

Nací en Santiago de Cali, soy hija del señor Carlos Fernando Gaitán y la señora Rosaura Muñoz, en un hogar conformado por cinco hermanas y un hermano. Realicé mis estudios en Cali, Colombia, y tengo titulo de Educadora, trabajé por espacio de 15 años en diferentes escuelas y colegios.

Empecé a escribir mis primeras poesías en el año de 1.995, reconozco que mi talento para escribir, es un regalo de Dios, y con este don, quiero hacer honor a mi Creador y Poeta por excelencia.

En Agosto de 2.006, publiqué mi primer libro de poemas, titulado:

"*LEVÁNTENSE FIRMES EN MÍ AMOR Y HABITEN SU TIERRA*", fruto de mi trabajo de varios años, hecho con esfuerzo y perseverancia. Ahora estoy haciendo la segunda edición del mismo, con unos cambios significativos en título, diseños, arreglos y añadiendo unos versos a algunos poemas; completando así un trabajo de mayor excelencia para mis lectores.

A continuación les contare como empecé a escribir, pero antes déjame decirte que tuve un severo problema de tartamudez, con la ayuda de Dios pude superarlo, y ahora no solo escribo, sino que también declamo mis poemas perfectamente.

En el año de 1.994 me encontraba en una clínica haciéndome exámenes médicos, estaba delicada de salud y pensé: Tal vez mi vida en la tierra está por terminar y quiero dejar mi testimonio escrito en forma diferente: "un poema", y fue así, como escribí "*El Sol y la Rosa*", que es mi primer poesía. Me gustó lo que escribí y la facilidad con que lo hice, de esta forma continué escribiendo.

A veces lo hago por temas específicos que Dios pone en mi mente, por experiencias vividas, por un mensaje que escucho, otros son basados en pasajes bíblicos, algunos dedicados a personas.

El estilo que predomina en mis poemas es la rima, y también la narrativa. Espero disfruten la segunda edición, con el nuevo titulo:

"*LEVÁNTENSE! USEN SUS ARMAS Y TENDRÁN VICTORIA*"

Rosaura Eunice Gaitán de Swanson

Tabla de Contenido

Sanando La Tierra

(2 Crónicas 7:14)

Escuchando su voz
y no otras voces,
aceptando la obra
perfecta de Jesús,
y no justificándote
en tus obras;
comprendiendo
su inmenso amor
y no buscando otros
amores.

y convirtiéndote
de tus malos caminos;
entonces él te oirá
y perdonará,
y comenzará
la sanidad para tu
tierra!

Humillándote
ante tu Dios,
invocando su Nombre,
orando, buscando su
Rostro,

Tu Voz y Consolación

Levantada y sustentada
por tu Espíritu guiada,
atravesaba el desierto
 con mayor acierto;
 tu tierna voz me hablaba
y mi alma levantaba:

"Mi flor en el desierto,
marchita por el tormento,
ya no serás cual sediento,
pues he soplado mi Viento,
mi lluvia te dará aliento,
y mi Diestra tu sustento,
y mi Palabra tu alimento".

Te he rodeado de consolación
he traído mi salvación,
sanidad tendrás y en
mi dirección caminarás;
he escuchado tu lamento,
he escuchado tu
arrepentimiento,
he quitado tu tormento!

Mi voz has oído con poder
hasta tu cuerpo y alma
estremecer.

Tu espíritu ha sido llenado
de mi Espíritu y unción,
que han traído restauración;
mi Palabra profética,
ha sido bien directa.
La Palabra de poder
ha llenado todo tu ser.

El buen vino de mi Espíritu
es bebido por tu espíritu.
El gozo te ha llenado,
y tu ser embriagado
la risa ha brotado....

Propósitos Y Bendiciones Del Desierto

(Dt. 8:1-10; Os. 2:14-23, 14:4)

Dios por amor nos llevará
al desierto, para hablarte en
el desierto, para probar tu
corazón en el desierto,
y sanar tu corazón de rebelión,
en el desierto.

En el desierto, quitará los
ídolos de tu boca,
en el desierto, te afligirá para
ver, lo que de tu corazón
saldrá.

En el desierto, como buen
Padre, te disciplinará
para que aprendas obediencia,
por la disciplina.

En el desierto, destruirá los
gigantes de tu vida,
para que acabes con los reyes
de tu tierra prometida.

En el desierto, nos prepara,
para aprender obediencia;
y así en la tierra prometida,
retener nuestra herencia.

En el desierto, serás probado,
para salir aprobado.

En el desierto, lo verás sólo a
Él; en el desierto, comerás
sólo de la Comida que viene
de Él, y beberás su Agua que
calma tu sed.

En el desierto, te desposarás
con el Amado:
te desposará en justicia, juicio
y benignidad,
te desposará en misericordia y
fidelidad;
y te desposará para conocerle
como tu Amado!

Del desierto te sacará, para
sembrarte en su tierra;
del desierto te sacará, para
hacerte su pueblo,
del desierto te sacará, para
que lleves su gloria, a otros
pueblos!

Levantensen, usen sus armas y tendrán victoria

Limpieza y Descanso

Hoy entiendo el propósito del desierto,
es un camino hacia la tierra prometida,
es un camino hacia la nueva vida;
donde tu carne tiene que morir,
para que tu espíritu pueda vivir.

Tu mismo Salvador y Señor
se convierte en tu Labrador,
que con mano dura y firmeza
arranca toda la maleza,
usando toda su destreza.

Te sientes morir y
sin fuerzas de vivir,
no entiendes,
el porqué, de éste sufrir;
pero pronto sale a relucir,
lo que tiene que morir:
orgullo, temor o rebeldía
se hacen sentir...

Cuando en agonía,
clamas sin rebeldía
confiando en tu Padre
para cada día,
y dándole a Él,
el todo de tu vida;
no temerás,
pues Él te guía,
y en Él está tu vida.

El fruto de su gran amor
se deja ver en su labor;
pues en el desierto, has crecido
ý en el desierto has aprendido,
su trabajo, Él ha cumplido!
¡AMÉN!

La Preciosa Sangre

(Ro.3:23-5;Ef.1:7;1P.1:2;Ap.1:5;
Heb.9:11-27,10:19-23)

Padre me presento delante de
Ti, con toda libertad, por la
sangre de Jesús, que me limpia
de toda maldad!

Sangre pura y sin mancha,
que limpia mis manchas.

Sangre bendita que mis
pecados ha lavado, sangre
bendita que me ha libertado!

Sangre ofrecida para mi
salvación, sangre que me ha
traído redención!

Sangre que rompe toda
maldición, sangre que libra de
condenación!

Sangre del Nuevo Pacto,
que me hace santo en el acto!

Sangre que me justifica,
sangre que me vivifica!

Sangre que me da vida eterna,
para ver su gloria eterna!

Sangre con la cual fuimos
comprados, sangre por la cual
somos aceptados!

Es la sangre del Cordero de
Dios, es la sangre del Hijo de
Dios!

Es la sangre de mi Amado
Salvador, es la sangre que
venció al engañador.

Con esa poderosa sangre me
defiendo, con esa poderosa
sangre estoy venciendo!

Me limpio con la preciosa
sangre, me cubro con su
preciosa sangre!

Tomo los beneficios que la
sangre me dio en la cruz!

Por su sangre puedo entrar
al Lugar santísimo!

Reclamo mi herencia
por la sangre de Jesús!

Levantensen, usen sus armas y tendrán victoria

Es la sangre al Padre
presentada, y por ella mi
deuda fue saldada!

Por esa sangre tengo omunión
con Dios, por esa sangre soy
hijo de Dios!

Por esa sangre llamo a Dios,
Padre por esa sangre puedo
adorar, a mi Padre!

Es la preciosa sangre de mi
Hermano Jesús,
es la preciosa sangre de mi
Amado Jesús!

Él Me Ama!

Dios tú me amas,
me amaste desde
antes de la fundación del
mundo,
me amas desde el vientre de
mi madre.

Me amaste en mi niñez y
sentí tu amor en mi
adolescencia,
comprendí tu amor, cuando
entendí, que diste a tu Hijo,
para morir por mi!

Padre, ha habido
momentos oscuros,
de angustia y dolor,
desilusión y desesperanza,
pero luego he podido
entender;
y sólo te pido, que aunque
no entienda, no entre la
duda a mi corazón, no halla
amargura, que entienda que
soy tuya!

Él me ama, Él me ama.....
lo repetirá siempre mi alma;
y en mi corazón estará siempre
y eternamente presente,
el recuerdo de Jesús,
que por mí, fue muerto en la
cruz, como muestra del único
amor santo, eterno y perfecto!

Y Tú, me pides que te ame,
y yo me pregunto: ¿Le amo?
y sale un grito desde mi
corazón!

Señor, enséñame a amarte!
Señor, necesito conocerte,
cada vez más,
y amarte!

Sólo a través de tu Espíritu,
sólo escudriñando tu Palabra,
sólo en la intimidad contigo;
podré conocerte,
para amarte!

Atravezando el Desierto

(Óseas 2:14-16)

Por el Espíritu,
te llevará al desierto,
y hablará a tu corazón;
allí, te probará,
y allí, te limpiará.

El Espíritu te llevará
al arrepentimiento,
y tu corazón
dará frutos
de arrepentimiento.

Las Pruebas Del Desierto

En la prueba de tu fe:
se fortalecerá más la fe,
pues será probada tu fe.
   (Hebreos 6:12; 1 Pedro 1:6-7)

En la prueba de tu obediencia:
morirás a ti mismo, para
agradarle y demostrar amor,
 al SEÑOR mismo.
           (Juan 14:15)

En la prueba de tu entrega:
será tu rendición total,
para ir perfeccionando en ti
una santificación total.
   (Romanos 12:1-2; 2 Corintios 7:1)

En la prueba del
quebrantamiento: aprenderás
el padecimiento, para luego
tener tu contentamiento.
   (Salmos 126:5; 1 Pedro 1:2-4,12)

En la prueba de tu voluntad:
le demostrarás que le aceptas
como el SEÑOR, le permitirás
que Él sea de ti, el SEÑOR.
       (Mc.14:34-36; Mt.6:10)

En la prueba de tu carácter:
quitará tus impurezas,
se perfeccionará en tus
flaquezas, y te dará luego de
sus riquezas.
   (2 Cor 12:10; Is.48:10; Gal 5:22-23)

En la prueba de tu actitud:
saldrán las piedras de tu
corazón, que dejarán liviano
tu espíritu, para volar en las
alas del Espíritu!
           (Oseas 14:4)

En la prueba de sumisión:
te pondrás debajo de su Mano,
resistiendo al enemigo
que te atacará en vano;
y luego podrán otros,
 estar debajo de tu mano.
       (1 Pedro 5:6; Santiago 4:7)

En la prueba de la guía del
Espíritu: aceptarás la ayuda
que te dejó el SEÑOR,
te dejarás guiar de QUIEN te
lleva a tu SEÑOR.
           (Juan 16:5-15)

En la prueba de la humildad:
dependiendo totalmente de
Dios,
no darás cabida a la soberbia,
no te apoyarás en tu propio
consejo,
seguirás sólo de Dios el
consejo.
   (1 Pedro 5:5; Proverbios 3:7)

En la prueba del temor de
Dios: aprenderás a Santificar
su Nombre,
aprenderás a inclinarte ante su
Nombre,
y tendrás sabiduría por honrar
su Nombre.
   (Proverbios 1:7; Mateo 6:9)

En la prueba de la
mansedumbre:
dejarás que la templanza te
dirija, no dejarás lugar a tu ira,
y el SEÑOR te escuchará y
dará lugar a su ira, para acabar
con los gigantes que atacan tu
vida!

(Mateo 11:29)

   *(Inspirada en una enseñanza
   del pastor Randy MacMillan)*

Frutos De Arrepentimiento
(2Co.7:9-11)

Cuando el Espíritu te da
convicción de pecado,
comienzas a llorar de tristeza,
tristeza que viene de Dios para
salvación,
tristeza que produce
arrepentimiento;
arrepentimiento que te
ayudará a dejar el pecado!

Nacerá una indignación santa,
que te parará violenta y
firmemente.
Firme en contra de actos
reprochables, firme para
mantenerte irreprochable!

Te llenarás de temor Santo
hacia Dios, tendrás confianza
reverente en Dios;
por ese temor tendrás
sabiduría, y por ese temor,
será guardada tu vida!

Tendrás un ardiente afecto,
por Dios y su Palabra.
No permitirás que te roben
la Palabra; y tu corazón le
expresará a Dios amor,
guardando su Palabra!

El celo santo,
por estar en su Presencia,
te consumirá,
el celo santo,
por mantener limpia tu
morada,
te levantará.
Pues tú eres tabernáculo y
morada
del Altísimo,
quien te redimió,
 con precio grandísimo!

De la boca del SEÑOR mismo,
vendrá tu vindicación.
Pues, Él mismo, en la cruz,
hizo nulo los decretos,
que habían en contra nuestra,
hizo que su Justicia sea la
nuestra!

Y te mostraras otra vez limpio,
Pues tienes de nuevo tus
vestiduras limpias;
puedes levantar nuevamente
tu rostro limpio,
pues tu tierra está de nuevo
limpia!

Levantensen, usen sus armas y tendrán victoria

Entrando a la
Tierra Prometida

(Juan 14:23; Mateo 11:25-30; Cantares 8:5)

Deleitándote en el amor
del PADRE,
volviendo a los brazos
de tu PADRE;
siendo alimentado,
arrullado, como en los
brazos de una madre;
confiando
y obedeciendo,
como un niño pequeño,
en tu buen PADRE.

Recuéstate en el hombro,
de su Amado Hijo,
JESÚS fue tu sustituto,
y del desierto,
Él te quiere sacar,
y a la tierra prometida,
entrar!

Comenzarás a disfrutar
las bendiciones
de los hijos,
te relacionarás con
Dios,
como su hijo.

Jesús Mi Sustituto

Moriste, para darme vida.
(Ro.5:6-8; Jn.10:11, 28)

Cargaste con mis pecados,
Para librarme del pecado.
(Is.53:12d)

Te hiciste maldición,
 para que yo recibiera
bendición.
(Gl.3:13-14)

Llevaste llagas en tu cuerpo,
para que yo fuera sano.
(Is.53:5c)

Te humillaste, para que yo
fuera exaltado.
(Fil.2:8ª; Sal.147:6)

Fuiste preso, para
darme libertad.
(Jn.18:12, Lc.4:18d)

Llevaste deshonra, para que yo
tuviera honra.
(Sal.22:6-7; Is.61:7)

Fuiste entristecido, para que
yo tuviera gozo.
(Is.53:10ª, Is.61:3)

Llevaste mis iniquidades,
para que las mías fueran
quitadas.
(Is.53:11c)

Fuiste tentado, pero no pecaste
para enseñarme a vencer la
tentación
(Lc.4:1-2; Lc.22:40; Stg.1:12ª)

Dejaste por un tiempo tu
lugar con el Padre, para darme
lugar en tu mesa.
(Heb.1:1-4; Lc.22:39)

Dejaste por un tiempo
tu posición de Rey, para que
yo llegara a ser sacerdote y rey.
(Ap.1:6)

Dejaste tus privilegios de Hijo,
para que yo fuera adoptado
como hijo.
(Gl.4:5-6)

Fuiste castigado,
para que yo tuviera paz.
(Is 53:5b)

Fuiste al infierno,
para que yo no tuviera que ir.
(1 Pedro 3:18-20; Sal 16:10)

Tomaste naturaleza humana,
Para que yo pudiera participar
de tu naturaleza divina.

(Flp 2:7; 2 Pedro 1:4)

Bajaste a la tierra, para que yo
fuera al cielo.

(2 Pedro 3:13)

Dejaste tu morada celestial,
para que yo tuviera
mansiones celestiales.

(Jn1:9,14:1-2)

Dejaste tus bendiciones,
para que yo tuviera las mías.

(Ef.1:3)

Fuiste separado por un tiempo
de la comunión con el Padre,
para que yo tuviera comunión
con Dios, nuestro Padre.

(Sal.22:1-2; Jn20:17)

Te sujetaste en obediencia,
para quitar la maldición,
que trajo la rebeldía.

(Lc.22:41-42; Lv.26:14-25)

Te despojaste de tus derechos,
para que yo pudiera recuperar
mis derechos.

(Flp.2:8; Ap.22:14)

Te limitaste por un tiempo, en
tu poder de Dios, para darme
autoridad y poder.

(Flp 2:8; Lc.10:19; Hch 1:8)

Venciste a Satanás y sus
huestes, para que no tuvieran
más dominio sobre mí.

(Col 2:15; Ro 8:37-39)

Cumpliste la ley, para que
yo obtuviera gracia.

(Mt 5:17; Ef 2: 4-8)

Perseveraste firme, ante tanta
oposición, para enseñarme
a no desmayar ante las luchas,
pruebas o disciplina.

(Heb.12:3-13)

Tu corazón fue herido,
traspasado, para que el mío
fuera sano.

(Sal 22:14b)

Fuiste rechazado por los
tuyos (judíos), para que
otros pueblos te recibieran
(gentiles).

(Jn 1:11-12)

Te hiciste siervo, para que
yo fuera heredero.

(Flp 2:7; Ro 8:17)

Fuiste traicionado, envidiado, odiado, para que yo recibiera amor.
(Lc 22:1-5; Mt 26:69-75; Jn 15:18; 1 Jn 4:16)

Cargaste en ti mismo el pecado, para presentarme limpio y sin pecado.
(Is 53:6; Ap 1:5)

Fuiste desfigurado, sin hermosura, para darme esplendor y hermosura.
(Is 53:1-2;35:2)

Desafiaste a las leyes terrenales, para enseñarme a vivir en lo sobrenatural.
(Mt 8:23-27; Mr 6:45-50; Jn 14:12)

Fuiste despojado de tus ropas, para que yo tuviera otras vestiduras.
(Sal 22:18, Is 61:10b)

Reprendiste las obras de las tinieblas, para que yo viera tu Luz
(Mt 17:18; Jn 8:12, Jn 2:23)

Te hiciste Puerta y Camino para que entráramos por tu Camino.
(Jn 10:9, 14:6)

Fuiste rechazado, para que yo fuera aceptado.
(Is 53:3; Ef 1:6)

Confrontaste al engañador y su engaño, para que yo conociera la Verdad.
(Jn 10:10; 8:32)

Dejaste por un tiempo tu lugar en el Cielo, para que yo me pudiera sentar contigo, en lugares celestiales.
(Ef 2:6)

Fuiste crucificado, y yo contigo, para que tú vivieras en mí, y yo en ti.
(Gl 2:20)

Borraste mi pasado, para darme esperanza en mi futuro.
(Is 43:25; Jer 31:17)

Fuiste muerto, sepultado y resucitaste, para que yo tuviera esperanza de resurrección.
(Is 53:9, 1 Ts 4:16)

Me diste las armas de nuestra milicia, para que yo me despoje de las armas carnales.
(2 Cor 10:3-4, Ef 6:11-18)

Dejaste por un tiempo tu gloria, para que yo pudiera ser portador de ella.
(1 P 5:4; Ef 1:12; Col 3:4)

Te dieron hiel y vinagre, para que yo pudiera beber miel.
(Jn.19:29-30; Sal.81:16; Dt.26:15)

Estuviste sediento, para que yo fuera saciado.
(Jn 19:28; Jn 4:13-14)

Sufriste abandono de los tuyos, para que yo tuviera compañía y familia.
(Mr 14:50; Gl 6:10)

Fuiste el autor y consumador de la fe, para que yo pusiera mis ojos en ti, y no mirara mis circunstancias, imposibles o adversas.
(Rom 12:2-3)

Te hiciste débil, para que yo fuera fuerte.
(Is 53:7; Jl 3-10)

Caíste como un grano en la tierra, para que brotarán frutos.
(Jn 12:24)

Llevaste mis juicios, para que se me impartiera tu justicia.
(Is 53:8-11: Ro 5:18-21)

Fuiste condenado, para que yo fuera justificado.
(Ro 3:24-26; Mr 10:33)

No tuviste reposo, para que yo encuentre el reposo.
(Mt 8:20; Heb 4:9-11)

Recibiste burlas, para que yo tuviera reconocimientos.
(Sal 22:6-7; Is 61:6-7)

Fuiste angustiado, para que yo venciera el temor.
(Sal 22:11-13, Is 35:4)

Tu vigor se secó, para que yo tuviera vida abundante.
(Sal 22:15; Jn 10:10b)

Despreciaste las posiciones y riquezas de este mundo, para luego tener todo el dominio de las naciones y repartirnos el botín de naciones.
(Lc 4:5-8; Is 53:12ª)

Llevaste una corona de
espinas, para que yo tuviera, la
Corona de la Vida
>   *(Mt 27:29; Ap 2:10c, 3:11)*

No rehusaste hacer la voluntad
del Padre, sino que entregaste
tu cuerpo en sacrificio, para
que yo comprobara
la buena voluntad de Dios,
agradable y perfecta.
>   *(Lc 22:42; Ro 12:1-2; Heb 12:2)*

Pagaste con tu sangre, para
redimirnos.
>   *(Ef 1.7)*

Fuiste arrancado de esta tierra,
para que yo tuviera mi
prometida tierra.
>   *(Is 53:8b; Dt 26:15; Ap 21:1)*

Tú, que eres el Verbo, la
Palabra (*invisible*), te hiciste
carne (*visible*), para que
pudiéramos conocerte (*Dios
hecho carne*).
>   *(Jn 1:14; Col 1:15; Jn 14:9-11)*

Renunciaste al derecho de
pedir ángeles, para que luego
yo tuviera el privilegio de
tener ángeles enviados por
Dios, a mi favor.
>   *(Mt 26:52-53; Sal 91:11)*

Estuviste en desierto, para que
yo viviera en tierra fértil, y
unido a ti, diera mucho fruto,
como tierra fértil.
>   *(Lc 4:1; Is 53:3; Is 35;*
>   *Jn 15:1-5)*

Tu pueblo amado fue
desarraigado, para que yo
fuera injertado.
>   *(Ro 11:17-21)*

Te hiciste pobre, para
que yo fuera rico.
>   *(2 Co 8:9)*

Viviste como extranjero y
peregrino, (*pues no eras de este
mundo terrenal*),
para que yo te imitara y
tuviera mi ciudadanía celestial.
>   *(Jn 8:23; Flp 3:20; 1 P 2:11)*

Estuviste expuesto y
sin refugio, para que yo
encontrara refugio.

(Sal 22:1; 59:16)

Tu carne fue rasgada y tus
huesos dislocados,
para que tu Iglesia, tuviera
sanidad y unidad.

(Sal 22:14ª; Ef 4:15-16;
Jn 17:23)

Fuiste traspasado por mis
rebeliones, para alejarlas de
mí, y yo pudiera aprender
sujeción, y fuese obediente a
Ti.

(Is.53:5ª; Flp.2:8; 1P.1:14)

¡Vuelvo A Ti Padre!

Vuelvo a ti Padre!
he escuchado tu voz que me llama,
y me llamas, porque me amas.

Con los brazos de tu Espíritu
me has levantado, por tu Espíritu
me has sanado,
y mis manos y rodillas,
has afirmado!

Vuelvo a ti Padre!
vuelvo a tus brazos;
tómame como a un niño,
un niño en tus brazos.

Vuelvo a ti Padre!
disfrutaré de tu amor
y te daré mi amor;
confiaré en ti, mi gran Padre,
reposaré en ti, mi buen Padre.

Vuelvo a ti Padre!

Pues el Espíritu me enseña
de Jesús y,
Jesús me revela más de Ti,
con su Sangre me ha lavado,
para volver a tu lado;
demostrarte nuevamente,
mi pasión, será mi danza,
y mi canción!

Levantensen, usen sus armas y tendrán victoria

La Protección Y
Ayuda Del Amado

Jesús Amado,
anhelo estar a tu lado,
sentirme protegido,
sentirme consolado
y en tus brazos refugiado!

Padre, aún no comprendo,
porqué esta lucha,
¿será que mi corazón
no escucha?
¿será que el enemigo está
tras la lucha?

Jesús, envía tu luz y fuerza,
estas serán mi defensa,
para que al enemigo venza!

Pelea Tú,
con el adversario,
yo igual,
resistiré firme, al diablo;
pues Tú, lo derrotaste,
allá en el Calvario!

Levantensen, usen sus armas y tendrán victoria

Preparándonos Para Habitar La Tierra

(Salmos 16:5-5, Proverbios 20:18; 23:26)

Entendiendo que el SEÑOR,
es tu Tierra, entregándole
tu corazón,
que es también su tierra.
Peleando la batalla de la fe,
vistiéndote de su armadura,
y usando la
Espada del Espíritu;

estarás disfrutando,
tu herencia,
la sanidad de tu
tierra,
estarás así,
habitando
y manifestando
su gobierno en la
tierra.

Preparados Y Enviados

(Dt 8:1-11; Cnt 8:5-7; Mt 28:18-20)

Limpio y preparado en el
camino del desierto,
saliendo recostado en el
hombro del Amado;
Él, ha sellado tu corazón y
marcado tu brazo,
tú eres suyo y estás en su
regazo,
los dos en un solo abrazo.

Ella va alabando y adorando,
ella ha aprendido a cantar en
el desierto,
ella ha aprendido ha reposar
en el Amado;
Él la está escuchando y
mirando,
Él la está llevando a la tierra
que estaba deseando!

El corazón enamorado confía
en el Amado,
por fin listo para lo que había
anhelado,
es su tierra prometida, que
fluye leche y miel,

es su tierra prometida, por su
Amado fiel,
es su tierra prometida por su
lucha sin cuartel.
El corazón tiene lo que
siempre estuvo presente,
las promesas del Amado, que
parecía ausente,
ya son ahora una verdad
viviente;
el fruto del Espíritu está
creciente
y la victoria es completamente!

Ahora, de la gloria del SEÑOR
resplandeciente,
Salen a su labor los valientes,
llevando la salvación del Dios
viviente,
a todos los confines de cada
continente.
Ven, Amado, deseamos reinar
a tu lado!

MARANATA

La Armadura De Dios

(Efesios 6:10-18)

Pongámonos toda la armadura
de Dios,
fortalézcanse en el poder del
Señor,
y podrán estar firmes contra
las asechanzas del diablo.

Nuestra lucha no es contra
humanos,
Sino, contra principados,
potestades, gobernadores de
las tinieblas y
huestes espirituales de maldad
en las regiones celestes;
por tanto,
toma toda la armadura de
Dios,
en esta batalla dura.

Cíñete la cintura con la
Verdad,
pues el enemigo te ataca con
mentiras;
pero con la Verdad, estarás en
libertad.

Vístete con la Coraza de
Justicia,
mantén libre tu corazón de
acusación, confesando tus
pecados; y la sangre de Cristo,
te limpiará de pecado.
Él resucitó para nuestra
justificación,
y unido a Cristo,
no tendrás condenación.

Cálzate los pies con el
Evangelio de Paz,
corre diligentemente llevando
la salvación;
para extender su Reino a
otros, y para protección de
nosotros.

Sobre todo, toma el Escudo de
la Fe,
y apagarás las flechas del
maligno,
que viene contra tu mente y
corazón,
con dardos malignos.

Levantensen, usen sus armas y tendrán victoria

Tomad el Yelmo de la
Salvación, mantén viva
tu esperanza; creyendo,
meditando en la Palabra,
que es la única que trae
esperanza.
Teniendo la mente de Cristo
y estando sujetos a Cristo.

Con la Espada del Espíritu,
que es la Palabra,
seguirás el ejemplo de Jesús,
para vencer, pues; Él se
defendió citando la Palabra,
y tú vencerás también por
el poder de la Palabra.

Y vestido con toda la
armadura de Dios,
podrás orar con toda oración
en el Espíritu.
Velando y perseverando,
por los santos de Dios,
al igual que predicando el
Evangelio del Reino de Dios,
que es Poder de Dios.

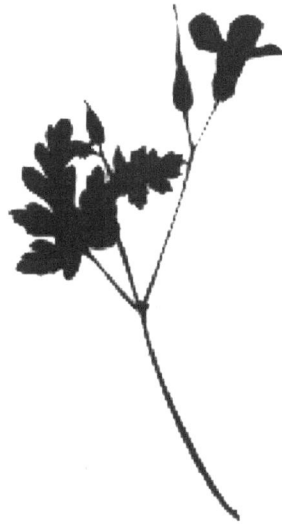

La Batalla De La Fe

(Mt 21:21; 1 Ti.6:12; Gl 5:6; Heb 11:1,6
Heb 12:1-2,6:12; Ro 4:13-22, 10:17;)

Toma el escudo de la fe,
pelea la buena batalla de fe;
y tomarás tu tierra prometida
por fe!

Mantén tu certeza en lo que
esperas, mantén tu convicción
aunque no veas!

La fe es un don de Dios,
la fe viene de Dios.
Oye la Palabra con fe,
y aumentarás tu fe.

Sigue el ejemplo de Jesús,
pon tus ojos en Jesús,
el autor de la fe,
el consumador de la fe!

Por la fe, eres justificado,
por la fe, eres santificado.

Por la fe el justo vivirá,
por la fe el justo reinará.

Por la fe, Abraham recibió las
promesas,
por la fe, recibiremos nuestras
promesas.
Abraham, fue llamado el

padre de la fe,
y nosotros somos llamados
hijos de fe!

Tu fe no se debilite al ver las
circunstancias,
tu fe no se debilite con duda o
incredulidad,
tu fe se fortalezca con las
promesas de Dios,
tu fe se fortalezca dando gloria
a Dios!

La fe no obra por la ley,
la fe obra por el amor,
y por la fe,
harás obras de amor!

Sí tienes fe,
moverás montañas,
sí tienes fe,
no oirás al que te engaña!

Sin fe, es imposible agradar a
Dios,
sin fe, no tendrás las promesas
de Dios.

Levantensen, usen sus armas y tendrán victoria

Cree en esperanza contra
esperanza,
pues tu esperanza,
mantendrá viva tu fe,
y verás la recompensa,
 por tu fe.

Plenamente convencido,
de que Dios es poderoso,
plenamente convencido,
de que Dios hará,
lo que ha prometido!

Pelea la batalla de la fe,
y así agradarás a Dios;
y tendrás tu herencia,
como hijo de Dios!

Pelea la buena batalla de la fe,
termina con paciencia tu
carrera,
pues por la fe, llegarás a la
meta,
por la fe, terminarás tu
carrera!

La Espada

(Jn 8:31; Fil 2:16; 1 Pedro 1:25; Lc 8:21; Ro 3:2; Hebreos 4:12)

Por la Palabra te sustentarás,
por la Palabra vencerás,
por la Palabra puedes tomar
tu tierra,
por la Palabra sacas a los
enemigos de tu tierra!

La Palabra es la Espada,
que debe ser amada y
guardada,
recordada y practicada.
La Palabra debe ser
escudriñada,
escuchada, obedecida y
confesada!

Recibe su Palabra,
aliméntate de la Palabra,
espera y permanece en la
Palabra; no seas rebelde a su
Palabra, y tendrás fe por la
Palabra!

La Palabra crea, lava y purifica,
la Palabra sustenta, alumbra y
vivifica,
la Palabra sana, libera y
santifica,
la Palabra reconcilia, enseña y
justifica!

La Palabra es la Espada
que penetra el alma y el
espíritu, las coyunturas y los
tuétanos; la Palabra discierne
los pensamientos y la
intención de tu corazón,
para que no gobierne tu razón!

La Palabra es viva y eficaz,
y con esa Espada la lucha
es eficaz; el enemigo saldrá
huyendo,
y estarás tu tierra poseyendo!

La Palabra es tu mejor escudo,
la Palabra es fuego que te hace
puro;
la Palabra es saeta y martillo,
la Palabra es pan y semilla.

Dios engrandece y ejecuta su
Palabra,
Dios envía y confirma su
Palabra,
Dios manifiesta y apresura su
Palabra,
Dios siembra y cumple su
Palabra,
Dios obra por su Palabra,
y Dios nos confía su Palabra!

Que su Palabra este en tu
corazón,
que su Palabra esté en tu boca!
que su Palabra caiga en buena
tierra,
que su Palabra dé fruto en la
tierra,
que su Palabra corra en la
tierra,
que su Palabra sea glorificada,
en esta tierra!

Con esta Espada la tierra
poseerás,
con esta Espada la tierra
sanarás,
con esta Espada la tierra
guardarás,
con esta Espada la tierra
limpiarás,
con esta Espada tu tierra
habitarás,
con esta Espada tú la
defenderás!

Tierra Del Altísimo

Vivo en mi nueva tierra,
es tu nueva vida en mi,
es la nueva criatura
que has hecho de mí.

Soy templo y morada del
Altísimo,
que habita y se mueve en mí,
y se entrego así mismo por mí.
El desea, que me rinda a Él,
que me entregue toda a Él,
que viva en Él, y para Él.

Ya no tendré más sed,
pues saciando su sed,
Él hará, que desde de mi
interior,
corran y salten ríos,
de agua viva y eterna,
para saciar a los perdidos.

Mi tierra prometida es Él:
conocerle, amarle y adorarle;
porque el Padre busca
adoradores,

que le adoren en espíritu y
verdad.

Ya no seré un campo estéril,
daré fruto y recogeré los
frutos;
comerá Él de mi fruto y le
saciaré
con más frutos.

Realizará su labor en mí,
realizaremos su obra,
que tiene para mí;
sembraré con lágrimas,
y con regocijo recogeré,
mi recompensa obtendré.
yo soy posesión del Altísimo,
mi corazón es su tierra,
y manifestará su gobierno en
mí, que soy su tierra!

Mi Tierra Prometida
Eres Tú
(1 Corintios 13)

Mi tierra prometida eres Tú,
mi tierra prometida soy yo,
Tú y yo unidos en amor.

Tu amor me dio la vida,
tu amor me trajo alegría;
tu amor me devolvió
mi identidad,
tu amor me trajo libertad.

Por tu amor, he crecido,
por tu amor, no he sido consumido;
por tu amor, he creído,
por tu amor, he comprendido,
por tu amor, he perdonado,
por tu amor, he soportado.

El amor es sufrido,
el amor no hace nada indebido,
el amor no es envidioso,
el amor no es jactancioso,
el amor se goza de la verdad,
el amor repudia la maldad.

Todo se acabará
todo terminará,
pero el amor no pasará,
por siempre y eternamente
PERMANECERÁ!

La Tierra Fructifica y Se Multiplica

(Mateo 7:16-23)

Tu tierra comenzará a dar fruto,
pues Él ha plantado sus frutos;
frutos que se multiplican,
frutos que se verán,
frutos que se oirán.

Obedece su Palabra,
obedece sus mandatos,
y verás el resultado,
de tus actos.
por cumplir sus mandatos,
en el acto!

Llenura Y Libertad En El Espíritu

(Juan 3:6; 16:4-15; Ef 5:18; Ro 8:26)

En mi tierra prometida
ya se manifiesta el fruto,
como primicias del mejor
fruto.

Siembra hecha con lágrimas y
amor por el Espíritu del Señor.

El Espíritu del Señor me ha
ungido,
El Espíritu del Señor me ha
fortalecido.

El Espíritu Santo me ama,
El Espíritu Santo me sana.

El Espíritu Santo me cela,
El Espíritu Santo me consuela.

El Espíritu santo me revela a
Cristo,
El Espíritu Santo me guía a la
Verdad,
El Espíritu Santo me lleva a la
Santidad.

El Espíritu Santo me exhorta,
redarguye y soporta.

El Espíritu Santo es mi amigo,
que quiere tener comunión
conmigo.

El Espíritu me ha dado dones,
para bendecir a montones.

No contristéis al Espíritu del
Señor,
no hagáis esperar el Espíritu
de Amor.

El Espíritu Santo me enseña a
orar,
me enseña a clamar.,
me enseña a adorar!

¡Él solamente exalta, a JESÚS,
quién es, el único digno
de toda honra, alabanza y
confianza!

Levantensen, usen sus armas y tendrán victoria

El Fruto
(Gálatas 5:22-23)

En mi tierra hay sanidad,
en mi tierra hay libertad;
en mi tierra hay restauración,
en mi tierra hay bendición.

En mi tierra fluye leche miel,
como en la tierra de Josué;
en mi tierra había gigantes,
pero ya no están reinantes.

En mi tierra crece el fruto del
amor,
como siembra del Espíritu del
Señor;
se ha oído nuevamente el
gozo,
que ha salido de su pozo.

Se ha extendido la paz,
que ha cubierto la faz;
ha crecido la paciencia,
que ha traído clemencia.

Ha madurado la benignidad,
que ha consumido la maldad;
ha brotado la bondad,
que ha traído libertad.

Ha madurado la fe,
que ha permitido ver.

Se ha fortalecido
la mansedumbre y humildad,
para servir en santidad;
y con la templanza,
he ganado confianza!

Levantensen, usen sus armas y tendrán victoria

Dones Espirituales
(I Corintios 12: 1-11)

No debemos ignorar,
despreciar o mal usar, los
dones que el Espíritu Santo
nos quiere dar.

Hay varios y diversos dones,
que por el mismo Espíritu han
sido dados,
y a cada uno le ha sido dada,
la manifestación del Espíritu,
para el bien de todos!

Estos dones actúan a veces
entrelazados;
sirven para confirmar la
Palabra y atraer a la gente a
Dios,
para escuchar la voz de Dios,
para ver la gloria de Dios,
y para inspirar fe
y valentía al pueblo de Dios.

Entre los dones de revelación,
que son como los "ojos de
Dios",
está la palabra de sabiduría,
que revela, aconseja y
discierne lo que el hombre,
en su sabiduría no haría.

También tenemos la palabra
de ciencia o conocimiento,
que revela muchas veces lo
pasado, presente o futuro,
par estar en camino seguro.

Y para terminar los dones
de revelación esta el don de
discernimiento,
que permite probar y
reconocer la manifestación de
cada espíritu,
y así saber la naturaleza de los
espíritus.

Tenemos los dones de poder,
que son como la "*Mano
de Dios*" y cuando están
operando,
el poder sobrenatural de Dios,
es visto en acción!

Entre los dones de poder,
tenemos el don de fe,
que va más allá de lo humano,
es la fe que espera,
lo que no se esperaba!

También tenemos el don de
milagros,

qué es la demostración del
poder de Dios,
sobre las leyes y el mundo
natural, obrando en forma
sobrenatural!

Luego tenemos el don de
sanidades, demuestra la
misericordia de Dios, a la
humanidad,
sanándola de su enfermedad,
por el don de sanidad!

Y por último, los dones del
habla, que son como la *boca
de Dios*"
Él no desea solamente que le
hablemos, Dios también desea
que le escuchemos.

Entre los dones del habla
tenemos:
el don de géneros de lenguas,
son las diferentes lenguas

extrañas o angelicales;
para edificación, hablar
misterios, transmitir mensajes,
y alabar o exaltar a Dios en
diferentes lenguajes.

También está el don de
interpretación de lenguas,
con este don, podemos saber
y dar a entender,
lo que nuestro Dios quiere dar
a conocer!

Y por último, el don de
profecía,
que es hablar la mente
y el consejo de Dios;
nos alerta y revela los planes
de Dios,
sirven para edificación,
exhortación,
confirmación y consolación!

Demostrando Amor

(1 Juan 4:7-12)

Mi corazón es mi tierra,
mi corazón es buena tierra;
mi corazón esta siendo
renovado,
mi corazón esta siendo
santificado.

En mi corazón habita el
Altísimo,
quien lo redimió por un
Precio grandísimo.

Le he conocido,
y he nacido por Dios,
y he nacido para Dios.

Su amor me hizo nacer,
por su Espíritu y su querer;
el amor es un mandato,
para cumplir de inmediato!

Amados, amémonos unos a
otros
para que lo vean los otros;
sí no amas, no has nacido,
sí no amas, no le has conocido.

Sí nos amamos unos a otros,
Dios permanece en nosotros y
su amor se ha perfeccionado
en nosotros!

**DIOS ES AMOR, ÉL LO
DEMOSTRÓ!**

¡El Gran Mandamiento!
(San Marcos 12:29-31)

Dios nos dejó su Palabra,
y cuando la guardamos
le demostramos que lo
amamos;
tendremos contentamiento,
y le demostraremos nuestro
agradecimiento!

Amarlo con todo el corazón,
será nuestra adoración;
amarlo con toda el alma,
será nuestro estar
en calma!

Amarlo con toda nuestra
mente,
sin hacer razonamiento,
sólo con la fe presente,
le agradaremos siempre!

Amarlo con todas nuestras
fuerzas,
dándole a Él, aún nuestras
flaquezas;

presentando el cuerpo en
sacrificio vivo,
como verdadero culto al Dios
Vivo!
amar al prójimo....
cómo a tí mismo;
sí amas a Dios,
aprenderás a amarte a ti
mismo,
 y sí te amas,
podrás amar a todos,
como Dios lo hace con todos!

El Perdón
(San Mateo 18:21-35)

¿Cuántas veces debo perdonar
a mi hermano, que peca
contra mi?
¿Maestro, debo perdonar hasta
siete veces?
Pero se escuchó la respuesta:
no te digo siete, sino aún hasta
setenta veces siete!

Perdona, para que mi Padre te
perdone,
perdona, para que otros te
perdonen,
perdona, para que no te
abandonen;
perdona para que tu corazón
 no se llene de amargura,
y se envuelva en una coraza
dura!

Perdona, para que no te
entreguen a los verdugos,
perdona, para que no se te
haga el camino más duro,
perdona, para que el enemigo
no te use para dañar a otros,
perdona, para que no
contamines a otros.

El Padre ha derramado en ti,
su amor,
y te dará su Espíritu
perdonador!

Sólo te falta,
tomar la decisión,
y tendrás liberación,
en tu propio corazón!

Llevando y recibiendo el
perdón,
no vivirás en condenación,
vivirás en reconciliación!
Levantarás la culpa de su
espalda,
y dejarás la carga
de tu propia espalda!
Perdona, perdona,
perdona.....

¡Tomemos La Tierra!

(Mateo 28:18-20; Salmos 2:8)

Tomemos toda la tierra,
sanemos mi tierra,
ustedes son la sal de la tierra;
mostremos mi gloria,
hasta que la tierra,
sea llena de gloria!

Tú eres mi heredad,
Yo soy tu heredad;
de mi Hijo son las naciones,
y quiere dártelas por
posesiones!

Las naciones gimen de dolor,
las naciones están envueltas en
horror;
mi corazón llora
y se duele por ellas,
mi Hijo ya entregó
su vida por ellas,
y los mandó a
hacer discípulos en ellas!

Tomemos las naciones,
háblales a los perdidos,
háblales que están

confundidos,
háblales que están heridos!

La tierra tiene dolores de
parto,
la tierra gime de dolor,
por ver la manifestación,
de los hijos del SEÑOR!

Ustedes son mis pies,
ustedes son mis manos,
ustedes son mi boca,
ustedes muestran mi corazón,
ustedes, llevan mi salvación!

Tomemos la tierra con mi
amor,
sanemos la tierra por amor;
cumpliendo así con tu labor,
como los hijos del SEÑOR,
del SEÑOR de toda la tierra.

¡TOMEMOS MI TIERRA!

Levantensen, usen sus armas y tendrán victoria

La Tierra Prometida

(Efesios 1:17-23)

Conociendo quién es y qué es tu tierra prometida, y mirando las bendiciones de esa tierra; no te dejarás intimidar por los gigantes que habiten la tierra.

Como hijo heredero, que conoce su posición, usa las armas que Dios ha puesto, a tu disposición.

Predicando el evangelio del Reino de Dios,

en la tierra, se volverá al plan original de Dios, para sus hijos, aquí en la tierra!

¿Quién Es Y Qué Es La Tierra Prometida?

Tu tierra prometida es Dios,
Él es la herencia de los siervos
del Señor.

(Salmos 16:5)

Tu tierra prometida es tu
corazón, limpio, sembrado
y regado, por la mano del
Amado.

(Proverbios 4:23)

Tu tierra prometida es:
ser como Él es, verte en los
lugares celestiales;
creer y tomar las promesas,
hasta que tu alma este
satisfecha.

(Gn 1:26; Ro 8:29)

Tu tierra prometida es:
vivir en santidad y tener
unidad.

(Jn 17:17, 18,23)

Tu tierra prometida es:
tu mente transformada
que está siendo renovada;

para comprobar y hacer su
voluntad perfecta y sagrada.

(Ro 12:2)

Tu tierra prometida es:
tener identidad,
para andar en libertad.

(Jn 8:31-35; Ro 8:15-16)

Tu tierra prometida es:
que prosperes en todas las
cosas, como prospera tu alma.

(3 Juan 2)

Tu tierra prometida es:
no vivir en condenación,
sino en humillación;
al espíritu quebrantado
Dios no le hace a un lado.

(Ro 8:1; 1 Pe 5:5-6)

Tu tierra prometida es:
cuando Dios te levanta y
santifica,
y te da la victoria,
para que lleves su gloria.

(Efe 1:4-6)

Tu tierra prometida es:
anhelar la restauración de
tu alma, que se liberada
de ataduras, sanada de
amarguras.
(Jr 30:17-18; Sal 23:3; 3 Jn 2)

Tu tierra prometida son las
almas, que andan sin Dios en
el alma.
(Mr.16:15)

Tu tierra prometida es:
buscar, anunciar y manifestar
su Reino, a un mundo perdido
que vive confundido.
(Mt 6:33)

Tu tierra   prometida es:
tu casa, tu ciudad, tu país y las
naciones,
para poseerlas y hacer de ellas
bendiciones.
(Sal 2:8; Hch 16:31)

Tu tierra prometida es:
tu familia unida y restaurada
para ser usada por Dios,
para que lleva la gloria de
Dios.
(Hch 16:31; Ef 1:6;3:14-21)

Tu tierra prometida es:
traer avivamiento,
a un pueblo sediento.
(Hab.3:2)

Tu tierra prometida es:
tener unción,
para llevar bendición.
(1 Samuel 10:6-7; 1 Jn 2:20,27)

Tu tierra prometida es:
que te sigan las señales,
los milagros sobrenaturales.
(Hch 4:29-30)

Tu tierra prometida es:
todo lugar que pisare
las plantas de tus pies;
como también lo es,
la nueva Jerusalén,
prometida por tu Amado fiel.
(Jos 1:3; Ap 21:10-27)

Levantensen, usen sus armas y tendrán victoria

Las Armas De Nuestra Milicia
(2 Corintios 10:4--6)

Padre, quiero tener ya mi
tierra prometida,
enséñame como poseerla,
habitarla, defenderla y
retenerla.
(Sal 143:10 - Jos 1:2-9)

Muéstrame los gigantes
y donde están reinantes,
y así en está lucha,
ya salir triunfantes
(Sal 139:23-24;143: 11-12)

Pues ya tenemos las armas
de nuestra milicia,
sólo falta que las usemos, con
pericia.
(2 Cor 10:4-6)

Cubiertos con toda la
armadura como vestidura,
y esta será, nuestra eficaz
investidura.
(Efe 6:10-17)

La preciosa sangre de Cristo
hará huir a todo anticristo.
(Ap 12:11, 1:5)

El amor como gran arma,
que a todos nos desarma.
(Jn 17:26; Lc 6 :27-36)

El Perdón como la llave,
que en muchas luchas es la
clave.
(Mt 18:15-22)

El Ayuno, oración e
intercesión, con sabía
dirección, traerán gran
bendición, y poderosa
liberación.
(Mc 2:20; Lc 11:1-10; Ez 22:30)

La alabanza, adoración y
danza, como expresión de
amor, gozo y confianza.
(Hch 16:25-26; Jn 4:24; Sal 150).

La Palabra escrita y profética ,
como gran espada,
que debe ser memorizada,
meditada y confesada.
(Heb 4:12; 1 Ts 5:20)

EL Carácter de Jesucristo,
como el fruto del Espíritu,
para ser visto.
(Mt 7:16, Jn 15:5; Gl 5:22-25)

Ante el precioso Nombre de Jesucristo, caerá y se doblara, todo lo que se ve, o no se ha visto.

(Filipenses 2:10)

El Espíritu Santo, siempre guiando, enseñando, y ungiendo, recordando, llenando y consolando.

(Ro 8:26, Jn 14:26,14:16-17)

El testimonio de nuestra vida, será como una carta leída.

(Ap 12:11b; 2 Co 3:2-3)

Obedeciendo y haciendo la voluntad del Padre, demostrarás tu amor al Padre.

(Mt 26:39-42; Jn 14:23-24)

Sométanse a Dios y a las autoridades puestas por Él, y al enemigo harás correr.

(Santiago 4:7)

Caminando en Santidad, no tropezarás; en la casa del Señor habitarás, y su Rostro verás!

(Sal 93:5; Heb.12:14)

Con la fe moverás montañas, con la fe no se apagará tu llama; con la fe agradarás a Dios, por la fe obtendrás las promesas de Dios!

(Hebreos 11:6,33)

Cuando mostramos arrepentimiento, se desbaratan los planes del enemigo, y la gloria de Dios estará contigo.

(2 Cr 6:12-42;7:1-3)

Los dones y ministerios, como regalos y trabajos para ser bien administrados.

(1 Co 12:4-11; Ef 4:7-13)

El gozo y agradecimiento, traerán fortaleza y contentamiento.

(Neh 8:10c; Filip 4:4)

Por nuestra unidad, el mundo creerá.

(Jn 17:23)

Con celo santo te levantarás como guerrero santo. Guardando su Casa, guardando sus pactos.

(Sal 69:9; 1 R 19:10; Jn 2:17)

Vigilando, vigilando a la tentación ganando, a los enemigos despojando, y al Rey esperando.

(Lc 2:38-40, Mc 13:32-37)

Levantensen, usen sus armas y tendrán victoria

Ln el Grito del pueblo
guerrero de Dios, se oirá el
rugido del León de la Tribu de
Judá, y la muralla caerá.
(Jos 6:5)

Así como el Padre ríe, tú
reirás; pues riendo, riendo
y al enemigo confundiendo.
(Sal 2:4;59:8)

En el silencio puedes escuchar,
en el silencio verás a Dios
actuar, y tu propio corazón
sanar.
(Sal 37:7; Lm 3:26)

Los ángeles a la disposición,
del guerrero en intercesión.
(Sal 91:11-12; Mt 26:53)

Dios esta buscando hijos e
Hijas con fidelidad;
Que guarden sus leyes,
Y entregará sus riquezas,
Para la extensión de su Reino
A los que son fieles.
(Dt.14;15; 16; Hch 1:43-46)

Diezmando, ofrendando,
sembrando y de tus primicias
dando; tu provisión estarás
asegurando, y además
prosperando.
(Mal 3:10-11;
2 Co.9:6-11; Ex 34:26)

Silbando, silbando,
a las ovejas llamando,
y al redil entrando,
hasta un gran ejercito
formando!
(Zacarías 10:5-8)

Marchando y palmeando,
el enemigo saldrá huyendo,
y así, nuestra tierra
poseyendo!
(Ez 21:14ª, 21:17; Jos 3:3-4)

Deleitándote en Jesús, tu
Amado, Él cumplirá tus
deseos; pues sus deseos.
serán tus deseos.
(Sal 37:4)

Confiando en Dios, tu Padre,
Él actuará, como buen Padre!
(Sal 37:3,5; Lc 11:9-13)

Recostada y descansando,
en el hombro de tu Amado
Jesús, saldrás del desierto,
por el poder de su amor,
y permaneciendo firme,
en las promesas del Señor!
(Cnt 8:5)

El temor a Jehová guardará tu
vida y tendrás sabiduría.
(Prov 1:7; 10:31)

Tocando el shofar como señal
en el mundo espiritual;
anunciando una guerra
o victoria en el ámbito
espiritual.

(Jos 6:5, Jueces 6:34)

Conociendo y tomando
tu identidad en Cristo,
sabrás quien eres, sabrás lo
que tienes, sabrás a dónde
estás, y sabrás a dónde irás.

(Rom 8:37, Jn 1:12,
Ef 2:6, Filip 3:20)

Los pactos de Dios como los
hizo con Abraham, Isaac y
Jacob, garantizan tus
bendiciones; pues Dios es
Fiel, y ahora, través de
Jesucristo, nos ha dado sus
bendiciones!
(Gn.15:18, Sal.89:3, Heb.12:24)

Dones Ministeriales

(Efesios.4:8-16)

Cristo ha dado la gracia para
que cada miembro reciba
los diferentes dones; cada
miembro unido al Cuerpo en
amor, ejercerá su actividad
propia, en el Cuerpo del Señor.

Cristo mismo ha constituido a
unos apóstoles,
que proclaman la Palabra
seguida con milagros y
señales;
que fundamentan y abren
iglesias en la sana doctrina del
Señor,
enviados para hablar de
unidad y santidad,
siendo cobertura general y con
especial autoridad.

A otros profetas, que trabajan
unidos a los apóstoles,
profetas que hablan de parte
de Dios;
que ministran con palabras de
ciencia y sabiduría,
profetas que traen
consolación, fundamentan y
hacen saber la voluntad del
Señor,

que perfeccionan para el
ministerio,
a los santos del Señor.

A otros evangelistas, que
llevan las buenas de salvación,
seguidos de señales que
confirman el mensaje;
siendo colaboradores y parte
de un equipo apostólico,
permaneciendo bajo cobertura
del ministerio apostólico.

También Cristo ha constituido
pastores y maestros,
aptos para enseñar a la iglesia
del Señor,
aptos para pastorear a la grey
del Señor.

Estos ministerios han sido
levantados y restaurados,
y todos unidos están siendo
urgentemente necesitados.

Necesitados para unir al
cuerpo,
necesitados para servir
y ayudar al cuerpo,
necesitados para capacitar,

Levantensen, usen sus armas y tendrán victoria

necesitados para entrenar,
necesitados para formar
y necesitados para equipar al
cuerpo;
perfeccionando a los santos
para la obra del ministerio,
para la edificación del cuerpo
de Cristo,
pues cada santo debe cumplir
con su ministerio,
y así ser efectivos en la obra
del ministerio.

Y todos llegaremos
a la unidad de la fe.
La fe que viene por el oír,
el oír, de la Palabra de Dios,
creyendo todos lo mismo,
la revelación única de Dios;
siendo la esencia y
centro de nuestra fe,
Jesucristo el Hijo de Dios.

Conociendo y
experimentando,
al Hijo de Dios en su plenitud,
seremos perfectos, seremos
maduros,
alcanzando la estatura de la
medida
de la plenitud de Cristo.

Siguiendo la verdad en amor,
creciendo en todo en Aquel,
que es nuestra Cabeza,
creciendo en Cristo
nuestra Cabeza.

Todo esto por la restauración
de los dones ministeriales y
por su trabajo y servicio,
al cuerpo de Cristo.

La manifestación de Cristo,
es a través de los dones
ministeriales, que actúan en la
iglesia,
la manifestación de Cristo, es a
través de la iglesia;
las congregaciones unidas en
una ciudad, forman la iglesia
de Cristo en esa ciudad,
y los dones ministeriales,
son la autoridad,
en una ciudad.

Las ciudades están esperando
la manifestación de la iglesia,
la iglesia de Cristo.

Perfectos En Unidad

(Jn 17; Ef 4:4-6)

Estando Jesús con sus
discípulos,
levantó sus ojos a su Padre y
le dijo:
Padre los que me has dado,
Yo los he cuidado y guardado,
los he guardado en tu Nombre,
y por el poder de tu Nombre!

Ahora los dejo en el mundo
y los envío al mundo;
como Tú me enviaste a mí
porque Yo salí de Ti!

Te he glorificado en la tierra
y me glorificarás en el cielo,
y seremos glorificados por
ellos,
aquí en la tierra como en el
cielo!

Ayúdalos para que sean uno,
así como Tú y Yo somos UNO;
Tú en Mí y Yo en ellos,
como UNO!

Les he dado la Palabra,
santifícalos en tu Palabra;
santifícalos en tu Verdad,
porque tu Palabra es Verdad!

Ruego por ellos, porque
no son del mundo, como
tampoco,
YO soy de este mundo,
y no solamente ruego por
ellos,
sino por los que han de creer
en Mí,
por la palabra y testimonio de
ellos!

Den testimonio que son un
solo cuerpo, un solo Espíritu,
teniendo la misma esperanza;
reconociendo un solo SEÑOR,
profesando una sola fe, un
solo bautismo,
y como hijos, teniendo un
mismo DIOS,
y PADRE de todos, que es
para todos.

Como Tú y Yo somos UNO,
ellos serán uno;
uno para tu gloria, uno por tu
gloria;
uno para que el mundo crea,
al ver nuestra gloria!

Padre, que alcancen la
perfección en la unidad, por la
santificación
en la Verdad,
para que el mundo conozca tu
Verdad!

La Verdad, del único Dios,
la Verdad, que Yo soy el Hijo
de Dios;
la Verdad, de que Tú me
enviaste,
pues esta Verdad, es Vida
Eterna!

Ellos me han conocido,
ellos te han conocido,
y ellos te darán a conocer;
quiero que ellos estén
conmigo,
quiero que ellos estén contigo,
quiero que ellos sean uno,
como lo somos nosotros:
perfectos en la unidad,
perfectos por la Verdad,
perfectos por tu amor,
perfectos en amor;
tu amor con que me has
amado,
está en ellos, y YO mismo,
por el Espíritu, estoy con ellos!

Escogidos
(Efesios 1:1-6)

Escogidos somos por el Padre,
escogidos y bendecidos con
toda bendición espiritual,
por Dios nuestro Padre
celestial.

Escogidos y bendecidos,
por estar en Cristo,
Cristo en nosotros y
nosotros en Él,
somos hechos, uno con Él

Escogidos y bendecidos,
con toda bendición espiritual
en los lugares celestiales,
trayéndolas a la vida terrenal.

Escogidos para pedir, y recibir
revelación
de nuestra bendiciones en
Cristo;
escogidos para ser
participantes
y coherederos con Cristo.

Escogidos para ser
bendecidos,
escogidos como nos había

predestinado,
predestinados según su amor,
su amor por su buena
voluntad;
todo por su gracia y para la
alabanza
de la gloria de su gracia.

Escogidos y predestinados
para ser hijos adoptados;
para sentarnos con Cristo su
Hijo,
y con derecho a tener
comunión,
como la tiene Dios con su
Hijo.

Escogidos y predestinados,
para hacernos hijos santos y
sin mancha,
para hacernos a la Imagen de
su Hijo,
para ser y proclamar la
alabanza
de la gloria de su gracia.

¡Avivamiento En La Tierra!

Avivamiento es:
cuando el pueblo vuelve a la
Palabra, y cuando obedecen,
lo que dice en la Palabra!

Avivamiento es:
cuando vivimos en santidad,
y practicamos la verdad!

Avivamiento es :
cuando la iglesia y los
perdidos, llegan a Dios
arrepentidos!

Avivamiento es:
cuando la iglesia da de comer
al hambriento, y da de beber al
sediento!

Avivamiento es:
cuando la Presencia de Dios
está en un lugar,
y saca todo de su lugar,
 para ocupar su lugar!

Avivamiento es:
cuando todo nuestro corazón,

arde de amor
y pasión, en la presencia del
Señor!

Avivamiento es:
cuando tenemos el
conocimiento de los planes de
Dios,
y caminamos en los tiempos
perfectos del Señor!

Avivamiento es:
cuando el fruto del Espíritu
está creciendo,
y nuestro yo, está muriendo!

Avivamiento es:
cuando el Espíritu Santo se
derrama, sobre toda carne
humana!

Avivamiento es:
cuando cada miembro,
cumple su función,
y trabajan unidos, para la
gloria de Dios, con una sola
visión.

Levantensen, usen sus armas y tendrán victoria

Avivamiento es:
cuando Dios nos cambia;
y sí Él nos cambia,
las ciudades cambiarán,
y todo un país se
transformará!

Avivamiento es:
cuando la gloria de Dios,
sale de cuatro paredes,
para estar en las calles,
de los barrios y ciudades!

Avivamiento es.
cuando la iglesia se mueve
en los dones,
para ver señales y milagros
a montones!

Avivamiento es:
cuando la iglesia se levanta, en
la fuerza poder y amor de su
Amado;
para manifestar y extender, el
Reino de los Cielos,
en un mundo que está de
Dios, necesitado!

Con intercesión y humildad,
santidad y unidad,
quebrantamiento y el
arrepentimiento;
Dios mandará su
avivamiento!

La profundidad del
arrepentimiento,
determinará el avivamiento!
vamos iglesia levántate!
y clama en arrepentimiento,
y veremos el avivamiento!

Es el tiempo de la canción,
es el tiempo de mostrarle,
a nuestra nación,
que sólo en Jesús,
hay justicia y salvación!

El Padre Busca Adoradores
(Juan 4:1-35)

En una tarde junto al pozo de
Jacob, un deseo de los labios
del Señor Jesús salió:
"Dame de beber", de su ser
brotó, y se escuchó una
respuesta...

Tú me pides que calme tu sed?
y yo ahora le preguntó:
¿ Señor tú tienes sed?
Él responde.....
"Si, tengo sed:
sed de corazones sinceros,
de corazones contritos.

De vidas rendidas y expuestas
ante Mí, dispuestas para Mí.

Que amen mi presencia,
que traigan mi presencia!
que tomen mi mano,
que caminen de mi mano!

No me sirve lo exterior,
Yo veo y necesito tu interior;
lo profundo de tu corazón,
lo profundo de tu amor.
Tengo sed de tu amor;
no me provoques a celos,
no des a otros tus desvelos.

En esto probaré tu corazón,
en esto comprobaré tu
adoración;
en que tu comida, sea hacer
mi voluntad,
en que tu trabajo para mi
Reino,
sea tu prioridad!

En que hables a otros de Mí,
con libertad,
en que otros me vean a Mí, en
ti,
y los provoques a sed de Mí!
sed de mi palabra,
sed de la verdadera agua..

Los verdaderos adoradores,
 me sacian a Mí,
y luego se sacian de Mí!
y comparten de mi agua a
otros,
y expresan mi amor a otros!
Yo sacio tu espíritu, con mi
Espíritu,
Yo te lleno de los ríos de mi
Espíritu!

Levantensen, usen sus armas y tendrán victoria

Sólo camina en mi verdad,
camina en santidad,
y has mi voluntad!
Esa es tu adoración.

Así recibiré tu canción,
así recibiré tu alabanza,
así me agradarás con tu danza.

Esos son los adoradores,
esos son mis adoradores;
y es necesario, que así le
adoren,
pues el Padre busca
tales adoradores!"

¡AMÉN!

El Reino De Dios
En La Tierra
(Gn.1:26-28;1Co.15:24-28 Sal.45:6;Ef.1:7-11;Mt.24:14)

La restauración de su plan original, es el propósito de nuestro Padre Celestial. Volver al orden original, con la orden que le dio al primer hombre terrenal; *"fructificarnos, multiplicarnos; llenando la tierra y sojuzgándola, y también señorear, dominar sobre todo lo que se mueve en cielos y tierra; y así manifestar el Reino de Dios en la tierra.*

JESÚS y los apóstoles predicaron el mensaje del Reino.
El mensaje del Reino es de redención, salvación, sanidad, libertad.....
pero también la restitución del Gobierno de Dios, del Reino de Dios.

El Reino de Dios es su Gobierno,
El Reino de Dios es delegación de autoridad, lo cual implica: sujeción, obediencia, fidelidad, al que es, el Único Rey;

estableciendo así, el domino del Rey, y el orden en su Reino.

Nuestro Rey tiene un Lugar sobre el cual gobierna, y un Trono que es desde donde gobierna.
Nuestro Rey eterno reina en los cielos, sus ángeles son sus súbditos; nuestro Padre- Rey, creo la tierra, para sus hijos, hijos, hechos a su Imagen y Semejanza, aquí en la tierra, hijos, para gobernar la tierra.

El primer hombre con su desobediencia, le entregó los reinos de la tierra al adversario, JESUCRISTO con su obediencia, derrotó al adversario, restauró y trajo el Reino de Dios, restituyó el Gobierno de Dios. Dios es nuestro Rey eterno que reina en cielos y tierra, Él quiere reinar primero en el corazón del hombre;

Levantensen, usen sus armas y tendrán victoria

el señorío de CRISTO en nuestras vidas, como un estilo de vida.
Es un compromiso de transformación, y conquista, desde nuestro interior, para luego conquistar lo exterior.

El Reino de Dios es,
El Espíritu de Cristo reinando,
reinando a través de sus hijos,
por el Espíritu Santo;
volviendo al plan original
que había establecido, para sus hijos.

Buscar primeramente el Reino de Dios, debe ser nuestra meta dominante; que el señorío de Cristo esté reinante.
La obediencia, por la fe;
la disciplina de vida,
como su gobierno interno;
el compromiso,
como manifestación de amor;
y la inspiración,
su revelación.
Dios el Padre –Rey ,constituyó a su Hijo Rey, REY de reyes y SEÑOR de señores.
JESÚS tiene toda potestad en el Reino,
y al final, le devolverá a su Padre, el Reino.

JESÚS es el Reino, en JESÚS se reunirán todas la cosas, en la dispensación del cumplimiento de los tiempos; y se están cumpliendo los tiempos, de reunir en CRISTO todas las cosas,
las que están en los cielos, como las que están en la tierra, por manifestarse el Reino de Dios, en esta tierra.

Dios nos sacó de las tinieblas al Reino de su amado Hijo, mi obediencia demostrará a quién sirvo;
hay lucha de gobiernos, hay lucha de reinos, hay lucha de poderes;
¿A quién vas a servir, a quién vas a glorificar, de quién en tu vida, de quién son tus pertenencias?

Levántate y predica el evangelio del Reino, siendo primero Dios, Rey en tu corazón, y así llevando su Reino, a tu entorno, tu ciudad y las naciones, como esta escrito: "*será predicado este evangelio del Reino en todo el mundo, para testimonio a las naciones*"

La tierra fue hecha para
nosotros,
los hijos del Rey,
tenemos una gran
responsabilidad,
pues se nos ha dado una gran
autoridad!

Levántate y predica el
evangelio del Reino,
el Reino de Dios en la tierra,
el Reino de justicia, paz y gozo
en el Espíritu,
manifestado en la tierra.

El Reino es, el gobierno de los
hijos de Dios, en la tierra;
y todos los días digamos:
"*venga a nosotros tu Reino,
y hágase tu voluntad,
aquí en la tierra,
como en el cielo*"

AMEN

*(Inspiradas en un estudio:
"el Propósito de Dios",
por: Gabriel Castro)*

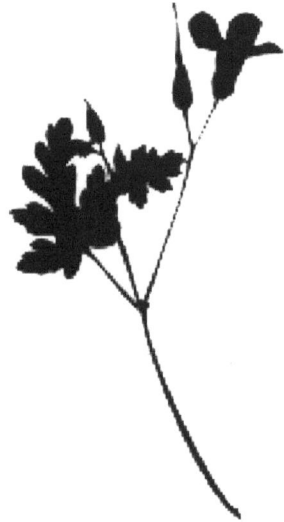

Futuro Glorioso!
(Isaías 60)

Levántate y resplandece
porque la Luz ha llegado a ti,
la gloria del SEÑOR brilla
sobre ti!

Una nueva nación está
naciendo, la violencia está
terminando, y el bien está
germinando!

Volverán tus hijos a estas
tierras,
trayendo con ellos su oro y su
plata,
y te llegarán riquezas de otras
tierras!
Verás esto y tu corazón vibrará
de gozo,
porque el SEÑOR ha hecho de
ti un pueblo glorioso!

Aunque en mi furor te
castigué,
por tu idolatría, injusticia y
violencia,
ahora por mi misericordia te
redimo;
sabrás que el SEÑOR es tu
Salvador, sabrás que el SEÑOR
es tu Ayudador!

Aunque fuiste aborrecida,
aunque fuiste abandonada,
ya de tu pasado, no queda
nada!
Haré que tengas renombre
eterno,
que seas el gozo de
generaciones
y te alimentes con leche de
naciones!

Eres casa de mi gloria;
te daré la paz por magistrado,
y la justicia por gobernante.
Porque en ti será mi gloria;
muchos verán esto y temerán
y serán atraídos por mi gloria!

Haré que la paz te gobierne,
que mi justicia reine,
que la destrucción no reine!

Haré que llames a tus muros,
salvación,
a tus puertas, alabanza,
y te alegres con tus danzas!
Son quitados tus días de duelo,
te he traído mi consuelo,
y mis pies están pisando tu
suelo!

Vendrán a ti humillados los
hijos de los que te afligieron;
serán asolados, los que tu mal
quisieron.

No necesitarás la luz del sol o
la luna;
porque el SEÑOR es tu gloria
eterna,
porque el SEÑOR es tu luz
eterna!

Porque tu pueblo, será pueblo
justo,
porque son retoños plantados
por Mí,
obra maestra que me
glorificará siempre,
y poseerán su tierra para
siempre!

El pequeño llegará a ser un
millar,
el menor llegará a ser nación
poderosa;
te llamarán nación del
SEÑOR,
porque futuro glorioso te ha
dado el SEÑOR,
y lo cumpliré pronto, te ha
dicho el SEÑOR!

¡A M É N!

¡Adelante A La Perfección!

(Hebreos 6 : 1-20, 7:1-.3)

Vamos, adelante a la perfección,
dejemos ya los rudimentos
de la doctrina;
y no te dejes llevar
de todo viento de doctrina.

Vamos, adelante a la perfección,
no echando otra vez el
fundamento de lo que ya
tienes conocimiento,
de lo que ya está como
fundamento.

Vamos, adelante a la
perfección, pues ya tenemos
su revelación,
gustamos su don celestial;
y comunión con el Espíritu
Santo, Él amigo celestial y
Santo.

Vamos, adelante a la perfección,
aunque pareciera tardar la
promesa, nunca vuelvan a tras,
sigue la meta;
no permitan que la apostasía,
les impida llegar a la meta.

Vamos, adelante a la perfección,
como Abraham recibió lo que
se le había prometido,
también nosotros tengamos
fe y paciencia,
para alcanzar lo que
Dios nos ha prometido.

Vamos, adelante a la perfección,
porque como herederos de la promesa,
nuestra esperanza está en un
Dios inmutable, que cumplirá
su promesa.

Vamos, adelante a la perfección,
pues tenemos una firme y
segura ancla del alma,
es nuestro Sumo Sacerdote,
redentor de nuestra alma.

Vamos, adelante a la perfección,
porque JESUCRISTO, nuestro
Sumo Sacerdote, según el
orden de Melquisedec,
es Rey de justicia, Rey de paz;

Levantensen, usen sus armas y tendrán victoria

está con nosotros siempre,
y permanece como Sacerdote
siempre.

Vamos, adelante a la
perfección, JESUCRISTO es
nuestra tierra prometida;
mostrar su imagen,
su amor, su carácter
su poder en nosotros,
es nuestra tierra prometida,
a nosotros.

Vamos, adelante a la
perfección,
pues El ESPIRITU SANTO
nos lleva en esa dirección;
no contristéis al ESPÍRITU,

no resistáis al ESPÍRITU.
Vamos, adelante a la
perfección,
guardados con Él y unidos
a Él, con CRISTO y por su
ESPÍRITU;
estaremos llegando a su
plenitud
estaremos llegando a su
estatura,
hasta nuestra total redención
futura.

¡ ADELANTE A LA PERFECCIÓN!

La Nueva Jerusalén

(Apocalipsis 21:10-21, 22:1-4)

Mi tierra es Él,
mi tierra soy yo.
Mi tierra está aquí,
mi tierra está allá.

Allá donde el Amado se ha
ido,
para hacer nuestro nido.

Nido de amor,
nido de esplendor,
nido de fulgor!

Es la nueva Jerusalén,
prometida por mi Amado fiel.

Es la nueva Jerusalén,
de calles de oro,
de piedras preciosas,
de cosas hermosas!

Hay un río limpio,
de agua de vida,
y también,
 el árbol de la vida!

Es la nueva Jerusalén ,
donde habita mi Amado
y mi Rey!
Es la nueva Jerusalén,
donde eternamente le serviré,
y eternamente le adoraré...

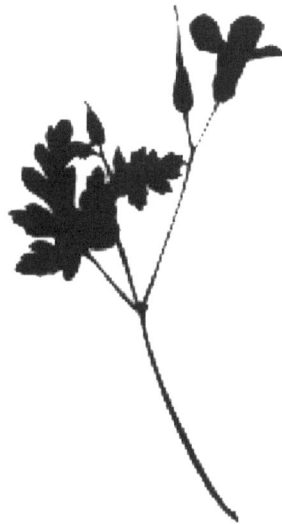

Levantensen, usen sus armas y tendrán victoria

Desde Su Corazón

(Is.60:1-3; Dt.11:7-25; Ef.4:15-16,24; Ro.8:37-38)

Escucha mi corazón de PADRE,
oye la voz de mi corazón;
como buen hijo obedece mi voz,
como mi hijo,
levántate firme en mi amor.
Mi Hijo te ha constituido,
un nuevo hombre,
tu eres su cuerpo,
y Él es tu Cabeza,
eres mi iglesia.

Levántate y
resplandece ,
iglesia guerrera, tú
eres su Cuerpo, el
nuevo hombre;
las ciudades esperan
tu manifestación,
las naciones esperan
ver tu posición,
la posición de
luchador,
la posición de
vencedor!

¡Tierra Mia, Vasija Mia!

Pequeña mía, hermosa mía,
tierra mía, obra mía,
vasija mía:
tú eres mi tierra,
tú eres mi barro;
Yo soy tu hacedor,
Yo soy tu Salvador,
Yo soy tu formador!

Como buen Alfarero,
te forme, te esculpí, te limpié;
sané las grietas de tu corazón,
he usado mis manos,
te he dado forma con mis
manos,
te he metido en hornos,
con mis propias manos!

Ahora tierra mía, vasija mía,
te he adornado, te he
embellecido,
como he querido.
Te he cubierto con gracia y
misericordia;
te he adornado con el fruto
de mi Espíritu,
te he regalado los dones de mi
Espíritu!

Estoy restaurando en tí, mi
Imagen,
quiero que muestres a otros
mi Imagen;
quiero que otros me vean a
Mí, en ti,
quiero que otros me conozcan
por mi Imagen, que hay en ti!

Así, como los que vieron a mi
Hijo, me vieron a Mí,
así quiero ser Yo, en ti.
Pues te he dado un nuevo
corazón,
he puesto en ti, mi corazón!

Vasija de barro, tienes valor,
no eres de deshonra, sino de
honra.
Porque tienes en tí un Tesoro,
tienes dentro de ti, a mi Hijo,
que es mi gran Tesoro,
comparte tu Tesoro!

Déjame seguir restaurándote,
déjame seguir formándote,
déjame seguir adornándote,
déjame seguir mostrándote,
déjame tierra mía,
déjame vasija mía!

Santidad Para Pelear, Y Habitar La Tierra.

La voluntad de Dios es:
que nos apartemos,
consagremos,
purifiquemos y separemos
para ÉL.
Pues la voluntad de Dios es
nuestra santificación,
y así el enemigo no podrá,
traerte condenación.

(1 Tes 4:3)

Santificados mediante la
ofrenda
del cuerpo de Cristo,
quien se ofreció una vez,
y para siempre;
para mantenernos unidos a Él,
andando como santos
siempre!

(Hebreos 13:12)

Somos llamados a
santificación en verdad,
mediante la santificación,
por el Espíritu y la fe en la
verdad.

(1 Tes 4:7; 2 Tesaloni 2:13)

Perfeccionando la santidad
en el temor de Dios;
limpiémonos de
contaminación
de carne y espíritu,
para alcanzar las promesas de
Dios,
por su Espíritu!

(2 Corintios 7:1; Josue 3:1-10)

Vestirnos del nuevo hombre
creado según Dios,
en la justicia y santidad de la
verdad,
para ser hombres libres en
verdad!

(Ef 4:24)

Y funcionando el Cuerpo de
Cristo,
en los cinco ministerios;
se irán perfeccionando a los
santos,
para la obra del ministerio.

(Ef 4:11-13)

El Padre nos disciplina,
para participar de su santidad;
acepta del Padre su disciplina,
y su rostro verás,
por seguir la santidad!
(Heb 12:10-14)

La santidad conviene a tu
Casa, Dios,
y los santos hijos de Dios,
juzgarán al mundo;
y Dios se Santifica en
nosotros,
para ser conocido en el
mundo!
(Sal 93:5; 1 Co 6:2; Ez 36:23)

Santifiquémonos pues,
y seamos santos,
por que Jehová nuestro Dios,
es Santo.
Y Él también nos santifica,
para que seamos santos!
(Lv 11:44,20:7; 1 P 1:15-16)

¡Levántate Firme, en Autoridad Iglesia Guerrea!

(Sal.149:4-9;Ez.25:14;Dt.32:43; Ef.1:19-22,6:10;Ro.8:28-39)

Levántate firme iglesia
guerrera,
que Jesús, el Gran Guerrero te
respalda,
y Él cubrirá tu espalda.

Él es, nuestro David,
que venció a Goliat;
Él es, nuestro Guerrero,
que nunca nos fallará.
JESUCRISTO, ya venció esta
guerra,
JESUCRISTO, ya recupero
todo para nosotros,
y nos ha hecho más que
vencedores,
a nosotros.

Recuérdale, su derrota al
enemigo,
recuérdale, tu posición en
CRISTO,
al enemigo,
recuérdale, y no abras puertas,
a ese enemigo.

Cúbrete, con la preciosa
sangre de CRISTO,
cíñete, con la armadura de
DIOS;

pues, el Reino de los cielos,
sufre violencia,
y, los violentos lo arrebatan.

Tú vencerás, pues como
soldado,
Dios te ha capacitado;
tienes la supereminente
grandeza
de su poder, habitando en ti,
tienes las armas de nuestra
milicia, para ti.

Tu lucha ahora es,
conocer plenamente,
lo que Él ganó para ti.
Creerle con todo tu corazón,
y por la fe,
apropiarte de lo que CRISTO,
reconquistó a nuestro favor.

Tu lucha es,
estar firme y no retroceder,
estar firme en tu posición,
estar firme en tu territorio,
estar firme contra
las asechanzas del diablo,
estar firme, y resistir,
hasta el fin.

Levantensen, usen sus armas y tendrán victoria

Es tiempo de su venganza,
es tiempo de juicio santo;
es tiempo de vestirnos,
como guerreros, santos.

Venganza es,
sí cae un soldado,
se levantarán mil;
sí se pierde un alma,
rescataremos miles de almas.

Venganza es,
sí el enemigo quiere poner
ruina o enfermedad,
te levantarás con fe y valor,
declarando, sanidad
y prosperidad.

Venganza es,
proclamar y extender,
el Reino de Dios;
y tomar tu autoridad,
como hijo de Dios.

Nuestra verdad es,
que somos llenos,
 de la plenitud de CRISTO;
que debemos llenar,
la tierra con su gloria,
y ser, para la alabanza,
de su gloria!

Levántate y ejecuta su
venganza,
levántate y arrebata el botín,
al que te espanta;
levántate y toma tu herencia,
levántate firme, en la lucha.

Levántate firme, y lucha,
iglesia guerrera,
levántate firme en autoridad,
amada guerrera;
levantate, usa mi autoridad,
tú eres mi novia guerrera

¡Resplandece Por Mi Gracia!

(Is 60, Ef 1:5-8,1:10, Os 14:4, 1 Co 15:10-11)

Resplandece con mi luz,
resplandece con mi gloria;
resplandece,
pues te he dado la victoria!

Muéstrame tu rostro,
levántate para Mí;
muestra mi hermosura,
muestra mi dulzura!

Resplandece con mis joyas,
resplandece con mi brillo;
resplandece para Mí,
resplandece para otros!

Otros necesitan mi luz,
otros necesitan mi brillo;
quiero ganar a otros,
quiero adornar a otros!

Resplandece hermosa mía,
resplandece novia mía,
resplandece paloma mía,
resplandece perfecta mía,
resplandece, amada mía!

Levantensen, usen sus armas y tendrán victoria

¡Esfuérzate, Sé Astuta Y Valiente!

No seas temerosa, no seas escasa,
no seas apocada, no te avergüences;
extiende tus tiendas, refuerza tus estacas,
toma tu lugar en las murallas!

No seas rebelde, no tengas temor,
no murmures, no critiques;
no peleen unos con otros,
no se muerdan unos a otros,
pues de dolor gemirá mi corazón,
al ver lo que hacen unos con otros.

Guárdate del orgullo,
aleja de ti la soberbia,
no permitas la incredulidad;
cuídate de la cizaña,
cuídate del que te engaña!

Sé, un buen vigilante,
conoce los tiempos,
conoce mis tiempos;
los tiempos son malos,
mis tiempos están cercanos!

Mira las señales,
reconoce mis señales;
mira los campos,
trabaja en mis campos!

Esfuérzate y se astuta,
esfuérzate y se valiente;
esfuérzate y conquista siempre
como mi ejercito imponente!

¡Tierra De Mucho Fruto!

(Mt 13:1-23; Jn 15:1-10)

Tierra mía, herencia mía,
pueblo mío:
hay diferentes clases de tierra,
pero quiero que seas la mejor
tierra!

No seas como la tierra del
camino,
pues las aves se comieron su
semilla;
oye y entiende la Palabra,
para que el malo no arrebate,
la semilla de la Palabra.

Tampoco seas tierra de
pedregales,
por que cuando salga el sol,
se quemará la semilla,
se secará la raicilla.
Oye la Palabra y recíbela
con profundo gozo,
que la aflicción o persecución,
no te quiten tu gozo!

Ni como tierra de espinos,
porque crecerán y ahogarán la
semilla;
así como las preocupaciones,

y engaño de las riquezas,
no dejarán fructificar la
semilla, que son tu riqueza!

Pueblo mío, herencia mía,
sé buena tierra,
sé mi tierra buena.

Oye y entiende mi Palabra,
y darás el mejor fruto,
y abundarás en fruto!

Permaneced en Mí,
para que lleves fruto;
permaneced unido a Mí,
para que lleves más fruto.
Y en esto me glorificarás a Mí,
en que lleves mucho fruto!

Levantensen, usen sus armas y tendrán victoria

¡Ayúdalos A Poseer Su Tierra!

(Josué 1:12-15)

Ustedes los fuertes y valientes,
ustedes los que ya conocen su herencia,
ustedes los que saben usar las armas,
ustedes, ayuden a sus hermanos,
a usar sus armas.

Pasad adelante, que delante de ti, está el gran Comandante!
Ayuda a tus parientes cercanos,
para luego ayudar a los lejanos.

Ayúdalos, usando las armas de nuestra milicia con gran pericia;
Ayúdalos, poniéndote en su lugar,
ayúdalos a ocupar su lugar!

Ayúdales lavándoles los pies,
ayúdales a mantener firmes sus pies.
Ayúdales, no condenándoles,
ayúdales, no criticándoles!

Ayúdales demostrándoles mi amor,
ayúdales aunque ellos te hieran,
y sientas dolor;
Ayúdales, aunque no te lo agradezcan,
ayúdales para que no perezcan!

Hijo mío, valiente mío,
ayuda, como Yo te ayudo,
ama, como Yo te he enseñado;
tú ya conoces y tienes tu tierra,
ayúdales a ellos, a habitar su tierra!

Mis Familias

(Gn 1:22; 2:18, 21-24; Sal 127:3; Pr 22:6; 1 P 3:1-7; Mal 4:5-6)

Es el tiempo de restauración
familiar, de volver a mi plan
original:
*"...dejará el hombre a su
padre y madre, y se unirá a su
mujer..."*

Como en el huerto del Edén,
cuando el hombre labraba y
cuidaba, todo lo que Dios le
había dado y encomendado,
con un especial cuidado.

Con la bendición de Dios de
multiplicarse y administrar;
que el hombre fuera sacerdote
y cabeza del hogar y la mujer
su compañía su ayuda idónea.

Unidos por amor y creciendo
en amor,
dando frutos, retoños de
amor...
Hijos concebidos en el vínculo
sagrado,
hijos para ser consagrados y
cuidados.

Hijos que son herencia,
Hijos amados e instruidos en
la Palabra,
hijos creciendo en obediencia
y disciplina,
y en el calor del altar familiar.

Ahora es el tiempo en que
estoy haciendo
volver el corazón de los padres
hacia los hijos,
y el corazón de los hijos hacia
los padres.

Familias formadas y
restauradas,
que vivan en amor, unidad,
paz y gozo,
familias donde yo sea el Guía,
y mi Palabra su guía.

Familias que sean ejemplo
para otras;
trabajando para la extensión
de mí Reino.
Donde se vea mi gloria,
familias preparadas para llevar
mi gloria...

Levantensen, usen sus armas y tendrán victoria

Mi Cuerpo, El Nuevo Hombre
(Ef 4:15-16,24, 5:21; Col 3:14)

Amado cuerpo, tienes vida
porque Yo vivo en ti.
Amado cuerpo manifiesta mi
vida que está en ti,
la vida del nuevo hombre,
la manifestación del perfecto
hombre,
hombre individual, hombre
corporativo,
hombre nuevo y activo.

Cuerpo mío, Yo soy tu Cabeza,
Yo te cuido y te sustento,
Yo soy el único, con derecho a
gobernarte,
pues te demostré, que sí, sé
amarte.

Ustedes son mi cuerpo,
aunque son muchos
miembros;
es la hora de demostrar
unidad,
funcionando como cuerpo
perfecto
en unidad.
Miembros de mi cuerpo,
 con diversidad de dones,
cada uno funcione en
el cuerpo con su dones;

son un solo cuerpo,
con muchos miembros,
funcionando cada uno
según sus dones.

Todos establecidos en orden,
y bien ajustados en el cuerpo,
unidos entre sí, ocupando su
lugar, como parte de un solo
cuerpo.

Amados miembros de mi
cuerpo,
reconozcan mi autoridad,
y la autoridad que en aquellos,
yo he delegado,
sujétense en amor, a aquellos
que velan por sus almas,
ellos tendrán que darme
cuenta, cuando Yo este de
vuelta;
ustedes en obediencia y
sujeción,
harán que ellos realicen
su trabajo con alegría,
y habrá mayor bendición.

Levantensen, usen sus armas y tendrán victoria

Amados miembros de mi
cuerpo,
mantendrán relaciones firmes
y definidas,
cuando cada miembro, cada
coyuntura,
se relacionen en amor,
se unan por amor.

No se separen, no se dividan,
únanse con lazos de amor,
el amor que Yo practiqué
el amor que Yo demostré.

Es tiempo de que mi cuerpo
actúe, activo cada miembro,
y actuando con un solo
propósito;
para la edificación del cuerpo,
para que parálisis no halla
en mi cuerpo.

Amado cuerpo,
es tiempo de crecimiento,
unido a Mi, que soy
la Cabeza del cuerpo,
unidos los unos a los otros
como un solo cuerpo;
siguiendo la verdad en amor.
Creciendo hasta alcanzar mi
plenitud,

creciendo por el trabajo del
Espíritu,
a través de cada uno,
creciendo cuerpo mío, en
calidad,
creciendo cuerpo mío, en
unidad,
creciendo amado cuerpo en
cantidad.

Mi cuerpo, el nuevo hombre
que es la iglesia;
gobernando en las naciones,
es tiempo de extender mi
Reino,
a las naciones!

Cuando esten En Su Tierra

(Deuteronomío 1,4,8)

Amados, cuando estén en su
tierra,
no teman ni desmayen por los
gigantes que vean en su tierra!

Levántense, sigan mis
instrucciones,
crean en Mí, confíen en Mí,
Yo voy delante, dándoles mis
instrucciones.

Cuiden de cumplir mis
mandamientos,
no sean rebeldes, no sean
orgullosos.
Sean sabios, sean inteligentes,
no negligentes.
Cuiden amar y obedecer
mis mandamientos siempre.

Amados, cuídense de los
ídolos,
cuídense de contaminarse o
desviarse.
No pierdan su tierra,
por cualquier ídolo.

Cuando estén en su tierra de
abundancia,
recuerden y hablen de mi gran
amor,
de mi justicia, fidelidad y
poder;
para que otros me puedan
conocer!

Ámenme y sírvanme,
 con todo el corazón,
cuando estén en su tierra.
Yo soy tu tierra, tú eres mi
tierra,
recuérdalo, cuando estés en tu
tierra!

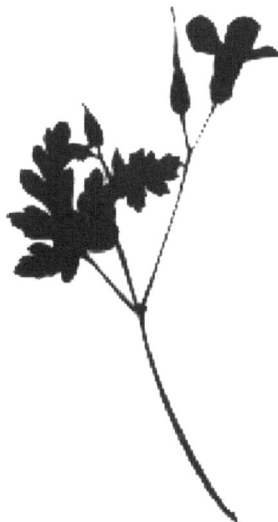

Desde Mi Corazón

(Sal.139:23-24;Heb.12:28;Ef.2:14-16)

Padre, abro mi corazón a Ti,
saca lo que te estorbe en mí;
con humildad de niño aprenderé,
y mi amor te demostraré.

Me levantaré en tu amor
a poseer mi tierra,
me levantaré, como tu amada
guerrera,
me levantaré para
alegrar tu corazón,
me levantaré, con mis
hermanos,
pues unidos somos la
iglesia,
somos un pueblo,
somos los hijos de
Sión, tu pueblo!

El Sol Y La Rosa

Cuando en confusión estaba,
buscando un sentir a mi vivir,
luchando con gigantes
que atacaban a cada instante;
con valor los resistía ,
pero con armas de poca valía.

El camino se hacia oscuro
y la vida sin futuro ,
era como una flor,
con temor a los rayos del sol,
buscando tierra firme,
buscando viento fresco,
buscando agua que refresque!

No conocía del amor,
sólo sabía del temor,
no conocía la verdad,
sólo una falsa realidad;
no sabia de aceptación,
sólo conocía la desaprobación;
por mi savia ya corría,
el odio y la rebeldía..

Pero El Sol se me acercó,
y con su calor me abrazó,
los rayos penetraron
y mi alma levantaron,
la paz y el gozo entraron
y mi espíritu inundaron.

La noche se hizo día,
y El Sol trajo la vida;
la rosa ya conocía
del amor y la alegría,
con gozo ya quería
salir a luz del día.

Sus pétalos se abrían,
y su tallo erguía,
su raíz ya tenía
la tierra que quería;
El Viento suave la mecía
mientras el Agua de vida,
ya recibía!

Levantensen, usen sus armas y tendrán victoria

¡Te Amo, Jesús, Te Amo!

Tú eres y serás mi primer
amor;
porque fuiste Tú,
quien me dio la vida,
fuiste Tú quien me
compró con su vida.

Fuiste el primero que me amó,
y con su sangre me lavó;
moriste por mis pecados,
para que yo no anduviera
en pecado!

Te amo, porque me amaste,
te amo, porque me salvaste,
te amo, porque me sanaste;
te amo, por lo que Tú eres,
te amo, por quién Tú Eres!

No te importaron las burlas,
no te importaron las
calumnias,
no te importaron los azotes,
no te importó el dolor,
no te importó el horror!

Fuiste por mí, vendido,
fuiste por mí herido,
fuiste por mí, desnudado,
fuiste por mí, avergonzado!
Te dejaste amarrar,
te dejaste clavar;
derramaste tu sangre preciosa,
la derramaste, gota a gota!

Una lanza traspaso tu corazón,
y de él, agua y sangre brotaron,
que a tu iglesia compraron,
y lavaron.

Por amor a mí
no te bajaste de allí...
preferiste callar,
preferiste clamar...
y con tus ojos soñar!

Soñabas con nuestra salvación,
anhelabas nuestra redención;
con ese gozo puesto delante de
ti,
no te importo sufrir a Ti!

Levantensen, usen sus armas y tendrán victoria

Jesús , mi Amado,
estaré eternamente a tu lado;
tu sueño se cumplió,
tu obra se consumó,
tu amor me redimió..!

Toma también mi vida,
a Ti rendida!
Toma mi corazón,
tuya es mi adoración.
Por tu amor demostrado,
hoy mi alma has ganado!

Eternamente te amaré,
eternamente te serviré,
y entronado te veré...
TE AMO JESÚS, TE AMO!

Alegrar Tu Corazón

Hacedor mío, Salvador mío,
Señor mío, Padre mío,
Amado mío.
Hoy tengo un nuevo corazón,
corazón que Tú has formado
 corazón para amarte;
amarte con toda mi alma,
amarte con toda mi mente,
y amarte con todas mis
fuerzas!

Tengo unos nuevos deseos,
tengo unos nuevos anhelos;
mis deseos y mis anhelos son:
agradar tu corazón,
alegrar tu corazón,
consolar tu corazón,
y agradecerte,
de todo corazón!

Deseo complacerte sólo a Ti,
deseo vivir para Ti,
deseo morir por Ti,
deseo ser fiel a Ti.
Toma mi tierra,
toma mi corazón,
porque soy tuya, SEÑOR.
Soy de mi Amado,
que camina a mi lado;
Tú ganaste mi corazón,
 y deseo escuchar tu corazón,
para obedecerte,
 con todo mi corazón,
y así, alegrar Tu Corazón!

Levantensen, usen sus armas y tendrán victoria

¡Enséñame!

Enséñame Padre mío,
hoy como una niña,
¡yo te pido!

Enséñame a conocerte,
para amarte.

Enséñame a conocerte,
para conocerme.

Enséñame a callar,
para saber hablar.

Enséñame a buscarte,
para no perderme.

Enséñame a mirarte,
para no estar ciega.

Enséñame a buscar,
para encontrar.

Enséñame a recordar,
para practicar.

Enséñame a amar,
para no odiar.

Enséñame a tener fe,
¡para ver!

Enséñame a vivir en el
Espíritu,
para ser un fiel discípulo.

Enséñame a recibir,
para saber dar.

Enséñame a perdonar,
para ser perdonada.

Enséñame a oír,
para luego decir.

Enséñame a esperar,
para no errar!

Enséñame a morir, a mi
voluntad, para vivir, en tu
libertad!

Enséñame a pedir como
conviene, para tener todo, lo
que de tus manos viene!

Enséñame a darte toda la
gloria,
honra y poder; para que nunca
la soberbia, se enseñoree de
mi ser!

Enséñame a entender que soy
débil, y seré fuerte....!

¡No Tocaré Su Gloria!

(Sal 29:2; 1 Co.10:31; Ef 3:21; Ap 4:11)

Dios no se mueve por
necesidad,
Él se mueve,
cuando se reconoce
la verdad,
y se hace su voluntad!

Sí Dios, no va a recibir la
gloria,
Él no hará la obra!

Sí Dios no me ha dado algo
es por que no sabría
manejarlo.
Sí aprendo a manejar,
lo que Él me quiere dar,
no tendré por mucho tiempo,
que esperar!

No podrás soportar el peso de
su gloria,
no intentes robarle su gloria;

aprende a manejar su gloria,
aprende a darle a Él,
toda la gloria!

Debes siempre humillarte,
para que Él no te quebrante;
debes vivir en humildad,
para que de aguijón,
 no tengas necesidad!

Señor, prepárame para llevar
tu gloria,
enséñame a manejar tu gloria;
líbrame de tocarla,
líbrame de robarla;
que conmigo,
esté segura tu gloria!

*(Inspirada en enseñanza de
Arturo Burt)*

El Hermano Intercesor

He sentido el peso de la
responsabilidad,
he sentido el peso de la
soledad;
he sentido el dolor de no ser
entendido,
he sentido el dolor de ser
herido.

He tenido que entender,
he tenido que comprender;
he escogido el amar,
para poder perdonar!

Tú me has parado en un lugar,
donde a veces no he querido
estar; pero alguien tenía
que hacerlo, pues era el
único camino, para que Tú
cambiaras, sus destinos.

El camino del amor,
el camino del perdón,
el camino de Jesús,
el camino de la cruz!

He tenido que hablar,
para mostrar tu verdad;
en ocasiones he fallado,
pues me he cargado.

No sabía llevar la carga,
que ponías en mi espalda;
no sabía clamar a Ti,
no sabía confiar en Ti!

Porque tu carga es liviana,
cuando a Ti se clama;
y tu yugo es fácil,
cuando contigo se hace!

No había aprendido de Ti:
que eres manso,
como un remanso;
y de humilde corazón,
que no le importa,
 su reputación!

Pero ahora, cuando has
tratado mi corazón,
cuando he sido ejercitado,
en el perdón;

cuando dejo al Espíritu Santo,
guiar mi intercesión,
veo tu salvación y
restauración.

Sólo déjame ver tu gozo,
para hallar reposo;
déjame verlos caminar hacia
Ti,
déjame verlos volar a Ti!

Y algún día decir:
Padre, he terminado el
trabajo,
que me habías encomendado,
he sido el hermano,
que dio su mano!

¡Me Levanto Firme En La Lucha!

Estando ya en mi tierra
prometida,
viendo la tierra que
fluye leche y miel,
los gigantes me atacaron,
y dieron a beber hiel.

Los invasores de mi tierra
prometida,
quisieron intimidarme,
quisieron que me viera débil
y sin valor.

Lanzaron con astucia e ira
sus dardos
y saetas, para engañarme
y destruir mi vida.

Querían atacar mi santidad,
querían minar mi fe,
querían que renegará de la fe.

Enviaban falsas voces,
enviaban falsos testigos,
enviaban falsos amigos,
enviaban falsas señales.

Cuando las escuchaba y
miraba,
cuando quitaba de mi Amado
la mirada;
entonces mi fe se debilitaba.

Pero Jesús, mi amado amigo,
me envió un verdadero testigo,
al Espíritu Santo,
que me decía:
levántate y pelea, que estamos
en guerra;
pelea y mantente firme en la
lucha,
que JESUCRISTO, ya venció
esta guerra.

Amado, me levanto firme en
tu amor,
y con fe, para habitar mi tierra,
pues sé, que son tiempos de
guerra!

Levantensen, usen sus armas y tendrán victoria

Habito Mi Tierra

Estoy en mi tierra prometida,
es tu vida en mi vida;
es lo que hiciste en la cruz por
mí,
es vivir en la libertad,
que ganaste para mí.

Es escudriñar y guardar,
tu Palabra,
es obedecer lo que en ella,
Tú me mandas;
es dejarme regenerar,
santificar, y llenar por tu
Espíritu,
es caminar en el Espíritu.

Es verme como Tú me ves,
es verme donde Tú me has
puesto;
es hacer lo que te veo hacer,
es morir para vivir.

Es amar, como Tú amas,
es mirar, como Tú miras,
es hablar, como Tú hablas,
es tocar, como Tú tocas.

Es llorar, por lo que Tú lloras,
es reír, por lo que Tú ríes
es aborrecer, lo que Tú
aborreces, es una palabra, es
ser como Tú!
Es anhelar lo que Tú anhelas,
es luchar con tus fuerzas;
es arrebatar y vivir en tu
reino,
es extender tu reino en la
tierra.

Es conocer y usar las armas
de nuestra milicia,
y así, tener a nuestros
enemigos,
bajo nuestros pies!

Es ejercer nuestro señorío,
y sacerdocio;
para tomar lo que nos has
dado, retener y santificar lo
que tenemos,
y mostrar al mundo,
lo que somos, y seremos!

Un Solo Pueblo, Mi Iglesia

(1Jn.1:11-12;Ef.2:14-18;Ro.11; Dt.6:4-5)

Israel, pueblo escogido
por el Santo y Poderoso
Rey!
Israel, tierra bendita,
que vio nacer y crecer
a Jesús de Nazaret!

Tierra de promesa,
tierra de bendición;
de la cuál Dios hizo
una gran nación!
En esta tierra se escribió,
la Palabra Bendita del Señor.

Por sus calles, valles
y montañas,
hizo Jesús milagros y
grandes hazañas!

Quienes te bendicen,
serán benditos;
y quienes te maldicen,
se acarrearán maldición.

Tu incredulidad y rebeldía
te alejo de tu Guía; pero
por generaciones has
guardado,

las promesas, del Mesías
esperado!

El Padre te dejó sin visión,
y no viste su visitación,
y así fue extendida al mundo,
la salvación!

Fuiste desgajado,
para que yo fuera injertado;
pero nuevamente serás
restaurado,
en el olivo deseado!

Serás levantado,
serás consolado,
y por el Padre ensalzado!
Serás luz a las naciones,
por que Adonai te ha dado,
grandes y eternas bendiciones!

Te han querido destruir,
te han hecho sufrir,
pero tu Salvador,
te ha vuelto a revivir!

Escucha Israel:
El Señor tu Dios,
El Señor tu Dios,
es también mi Dios!
Seamos uno, seamos uno,
como nuestro Padre es Uno!

Hermano amado,
quiero estar a tu lado,
para compartir,
el mismo sentir!

Hermano amado,
no quiero provocarte a celo,
sólo quiero,
que no tengas velo!

Y siendo tú y yo,
un solo pueblo,
se revelará el gran misterio;
pues de los dos, Dios hizo un
solo pueblo,
derribando la pared de
intermedia de separación,
aboliendo en su carne las
enemistades;
creando en sí mismo,
de los dos un solo y nuevo
hombre,
un solo pueblo, esta es la
iglesia,
y somos su pueblo.

Tú eres nuestra señal,
Tú eres la higuera.
Cuando tu rama este tierna
y broten tus hojas,
el fin de los tiempos vendrá
¡y nuestro Mesías regresara!

Yeshua Ha Meschiach,
Yeshua, es tu Mesías,
Yeshua, es mi Mesías.

El cumplió, lo que de Él,
se escribió.
¡En Él se cumplieron,
todas las señales,
que los profetas vieron!

Somos un solo pueblo,
Somos su Pueblo,
Somos la Iglesia.

Unidos danzaremos,
y nos gozaremos,
¡y a nuestro Padre,
alegraremos!

¡Somos un sólo pueblo,
somos la Iglesia,
su Pueblo!

¡Cuando Danzo....!

Cuando danzo....
El Espíritu alaba a través de
mí, el Espíritu se mueve en mí,
el Espíritu adora a través de
mí.

Cuando danzo...
Todo mi ser es tomado por Él,
todo mi ser es guiado por Él,
todo mi ser,
es transformado por Él.

Cuando danzo...
Le demuestro mi
agradecimiento; pues Él, ha
cambiado mi lamento,
y me ha vestido de
contentamiento!

Cuando danzo...
Mi corazón le demuestra mi
amor, pues Él, ha quitado mi
dolor, y me ha vestido con su
amor.

Cuando danzo...
Él me remonta a las alturas,
y me libera de ataduras,
para volar a las alturas!
Cuando danzo...
Él manifiesta lo que está en su
corazón,

Él habla a su amada al
corazón;
Él hace saber a otros su
propósito,
Él le muestra a naciones,
sus propósitos.

Cuando danzo... Él danza
conmigo, como mi Amigo,
como mi Amado que está, a
mi lado!

Cuando danzamos...
Nos unimos en un solo gozo,
expresamos al mundo su gozo;
traemos libertad, y
manifestamos unidad!

Ven dancemos...!
Para preparar el camino al
Amado, que nos llevará a su
lado; para celebrar la victoria
del Cordero, para anunciar las
bodas, del Cordero!

Es tiempo de amores,
es tiempo de danza!
El Amado viene por su amada,
a celebrar sus danzas...

MARANATA...!

Desde tu corazón

Ahora, es tu hora, para que le escribas con palabras que salgan desde tu corazón, a tu Señor y Rey, a Jesucristo el Rey.

www.ingramcontent.com/pod-product-compliance
Lightning Source LLC
Chambersburg PA
CBHW051233090426
42740CB00001B/4